BITCOIN & BLOCKCHAIN.
Todas las respuestas 2018-2019-2020

Lo primero de todo es agradecerle por la compra de este libro.

Por la curiosidad o por la intención de querer adentrarse en la nueva era de la tecnología moderna.

La tecnología que cambiará la economía mundial, la llamada cuarta revolución industrial de la cadena de bloques.

Soy Stefan Villalta y juntos, caminaremos por este mundo tan apasionante de las criptomonedas.

Me encargaré de guiarte y resolver todas y cada una de sus dudas generadas hasta la fecha.

Hablaremos de los inicios de Bitcoin, de la figura transcendental de Satoshi Nakamoto y del crecimiento exponencial de las criptomonedas desde sus comienzos hasta del posible impacto en los próximos años futuros.

Tocaremos los conceptos básicos y repasaremos Bitcoin & Blockchain de arriba a abajo.

Adopción, descentralización, escalabilidad y utilidad con muchos objetivos, entre ellos empoderarnos y el de conseguir luchar por la libertad financiera.

Os preguntaréis quién es Stefan Villalta y cómo llegué al escenario criptográfico.

Esta es mi historia...

Bitcoin y la tecnología blockchain apareció en la pantalla de mi ordenador cuestión de seis años atrás.

Estaba viendo vídeos en mi viejo ordenador cuando observé un pequeño anuncio publicitario a la derecha de la pantalla.

Lo primero que pensé fue lo siguiente...
Otro virus dentro de mi sistema operativo.
Otro anuncio que si haces click con el ratón contagiará tu sistema informático. Otro troyano más.

Pues bien, en ese anuncio se observaba lo siguiente.

"Compre Bitcoin aquí", con el símbolo característico de la moneda de color dorado reluciente.

Era el año 2012 y yo tenía 17 años de edad en ese momento.

No disponía de cuenta bancaria y las compras por internet no estaban bien vistas en casa por la incertidumbre de ser estafado o hackeado.

No podía borrar de mi cabeza aquella moneda dorada así que busqué a los días posteriores la palabra Bitcoin en la red.

Encontré pocos resultados, lo creáis o no.

No la cantidad de noticias, de periódicos online. De blogs o de canales de internet tipo youtube que encontramos ahora.

Todos los resultados estaban asociados a asuntos bastante turbios la verdad.

Blanqueo de dinero, crimen organizado, drogas, deep web...

Y miedo me dió seguir leyendo noticias acerca de ello pero la curiosidad hizo mella.

Adquirir un sólo Bitcoin, hubiera supuesto un costo de 13 dólares, en aquella fecha.
Bitcoin es el buque insignia de la tecnología blockchain.

Es la criptomoneda que asociamos a este mundo.
La figura principal y su creador es Satoshi Nakamoto.
Persona o grupo de personas de la que se conoce muy muy poco debido en parte a su gran anonimato.

Recordemos sus inicios puesto que es de gran transcendencia para poder continuar nuestro camino.
Es el padre de Bitcoin y todo lo que le rodea.

Es el fundador del protocolo Bitcoin y del software encargado de la transferencia de dinero digital peer to peer. El sistema P2P.

Son muchas ya las personas dirigiendo proyectos actualmente llamados criptomonedas que han bifurcado a Bitcoin para reinventar la idea de dinero digital, partiendo de una interpretación profética de las palabras dichas por Sathosi en cualquiera de sus comunicaciones.

Las palabras de Nakamoto hoy tienen más significados de los que creíamos posibles.

Particularmente, la interpretación que más me asombra es la que fue usada en 2017 por un grupo de personas para bifurcar a Bitcoin en su propio proyecto y que fue utilizada para bifurcarlo a él mismo

La llamada visión de Sathoshi, en la que plasmó su propuesta en un documento técnico llamado whitepaper.

Ahora parece resultado de una interpretación libre y múltiple de lo que distintas personas entienden del documento original publicado por Satoshi Nakamoto, en el libro blanco de Bitcoin.

En el primer y oficial contacto de Satoshi Nakamoto al mundo a través de las palabras escritas en su libro blanco, esta persona o grupo de personas describen perfecta y brevemente su proyecto y su visión de Bitcoin cómo el dinero electrónico entre pares.

El peer to peer P2P.

Del libro blanco se lee

"Una versión puramente entre pares de dinero en efectivo electrónico permitiría a los pagos en línea ser enviados directamente de una parte a otra sin tener que pasar por una institución financiera".

Seguidamente, su introducción aclara lo que muchos oscurecen:

"El comercio en Internet ha llegado a depender casi exclusivamente de instituciones financieras que actúan como terceros de confianza para procesar los pagos electrónicos. Aunque el sistema funciona bastante bien para la mayoría de las transacciones, todavía sufre de las debilidades inherentes del modelo basado en confianza. Las transacciones completamente irreversibles no son realmente posibles, ya que las instituciones financieras no pueden evitar mediar en las disputas. El costo de la mediación incrementa los costos de transacción, limitando el tamaño práctico mínimo de transacción y cortando las posibilidades para transacciones pequeñas casuales, y existe un costo más amplio en la pérdida de habilidad para realizar pagos no reversibles por servicios no reversibles. Con la posibilidad de reversión, se esparce la necesidad de confianza. Los comerciantes deben tener cuidado de sus clientes, azarándolos por más información de la que de otra manera hubieran necesitado. Un cierto porcentaje de fraude es aceptado como inevitable. Estos costos e incertidumbres de pago pueden ser evitados en persona al usar moneda física, pero no existe un mecanismo para

hacer pagos sobre canales de comunicación sin un tercero de confianza."

Su visión es la de crear un *"mecanismo para hacer pagos sobre canales de comunicación sin un tercero de confianza".*

En otras palabras, efectivo digital, de un dinero que pueda ser movido entre personas a través de medios digitales (como telefonía, Internet, satélite, etc.) sin tener que pedir permiso o consultar a alguien más sobre el estado de su transacción.

Para los conocedores, podría parecer minúsculo que Bitcoin se reduzca solo a eso, efectivo digital, pues son muchas las posibilidades que se desprenden de esta tecnología.

Aquellos que piensan así pasan por alto que tales oportunidades se desprenden porque el dinero en efectivo es el medio por excelencia para posibilitar el intercambio de recursos, base fundamental de la economía, de la sociedad.

Siendo así, claro que Bitcoin se queda pequeño con todo lo que se puede hacer, pero Bitcoin es el habilitador de toda esa nueva sociedad o economía digital.

Puesto que sin dinero en efectivo digital no hay sociedad o economía digital.

Para alcanzar su visión, Satoshi describe de forma muy clara y concisa lo que se necesita.

La irreversibilidad, que no haya forma de echar para atrás una transacción que ya sucedió, que toda transacción sea definitiva.

Pero esto no es sencillo, la irreversibilidad digital solo se alcanza con todo un sistema compuesto por múltiples técnicas y actores.

Desde las firmas digitales, contabilidad pública por medio de una blockchain o cadena de bloques y de la prueba de trabajo con incentivos.

Sin entrar en detalle de qué son o cómo funciona cada una de estas partes, puesto que hablaremos más adelante de ello... con estos pilares Satoshi define el diseño del dinero en efectivo digital.

Y es justo aquí, en el inicio, el diseño, en que muchas de las autoproclamadas iniciativas de "dinero en efectivo electrónico entre pares" pierden de vista lo que el sistema creado por Satoshi Nakamoto promete lograr, su visión.

El no depender de un intermediario para transar a través de medios de comunicación.

Tal vez estén poniendo a prueba el diseño de efectivo digital de Satoshi Nakamoto, tal vez lo que estén haciendo sean empresas digitales y nos haga falta distinguirlas de Bitcoin o tal vez busquen expresamente confundir a las personas.

Lo cierto es que quienes lideran estas iniciativas logran dar vuelta al discurso de Nakamoto para generar una nueva visión en la que ellos pasan desapercibidos como intermediarios.

Entonces vemos cientos de proyectos de dinero electrónico entre pares con líderes claros, con empresas y fundaciones que deciden cómo avanzar, qué permitir y que no; con desarrolladores que deciden qué cambiar y cuando hacerlo; con grupos mineros que pueden censurar transacciones o parar la red, si así lo desean.

Adiós a esa irreversibilidad.

En definitiva, con usuarios engañados que están a la merced de unos intermediarios escudados en la bandera de la descentralización y bendecidos por las supuestas profecías de Satoshi, de su verdadera visión.

Qué Satoshi Nakamoto haya desaparecido del proyecto luego de dejarlo bien encaminado no fue casual, es parte de su visión.

Un líder o dueño claro en una tecnología como Bitcoin no es más que una amenaza para su funcionamiento, una traba para su evolución y una garantía de reversión.

Quizás el primer rastro público de la criptomoneda materna se dió en agosto de 2008, cuando el dominio *bitcoin.org* fue registrado.

Más tarde ese mismo año, el primero de noviembre, con muy pocas personas prestando atención al nacimiento de una tecnología destinada revolucionar el sistema financiero, Nakamoto publicó en una lista de correos cypherpunk un Libro Blanco titulado "Bitcoin:

"Un Sistema de Efectivo Electrónico Usuario-a-Usuario".

En este documento, lo primero que aparece bajo el título es ese alias, un correo electrónico y el dominio que se había registrado meses atrás. Aquí es necesario apuntar que ese libro blanco pudo haberse publicado en cualquier lugar, pero, de entre todas las opciones, salió a la luz entre los cypherpunks, y esto, además de lo que el mismo Bitcoin representa, habla muy claro sobre la ideología de Nakamoto.

Repasemos lo que "cypherpunk" significa, según Eric Hughes en el año 1993:

"Nosotros los Cypherpunks estamos dedicados a construir sistemas anónimos.

Defendemos nuestra privacidad con criptografía, con sistemas de reenvío de correo anónimo, con firmas digitales y con dinero electrónico. Los Cypherpunks escribimos código. Sabemos que alguien tiene que escribir software para defender la privacidad, y como no podemos obtener privacidad a menos que todos lo hagamos, vamos a escribirlo. Publicamos nuestro código para que nuestros compañeros Cypherpunks puedan practicar y jugar con él. Nuestro código es gratuito para todos, en todo el mundo. No nos importa mucho si no apruebas el software que escribimos. Sabemos que el software no se puede destruir y que un sistema ampliamente disperso no se puede cerrar.

De esta filosofía es de donde nace Bitcoin, *"una versión puramente electrónica de efectivo que permitiría que los pagos en línea fuesen enviados directamente de un ente a otro sin tener que pasar por medio de una institución financiera".*

Tras la publicación del documento, el 3 de enero de 2009, se crea el bloque génesis de la primera blockchain, con una recompensa de 50 BTC.

El mensaje grabado dentro de él no sólo sirve para asegurar la fecha de creación, sino que también arroja luz sobre las ideas de Nakamoto.

"The Times 03 / Jan / 2009 Canciller al borde del segundo rescate para los bancos".

Se trata de un titular de ese día del medio británico *The Times* que no deja muy bien parados a los bancos.

Poco después, el 11 de febrero, Nakamoto publicaría un artículo bastante revelador en la Fundación P2P respecto a lo que pensaba sobre estas instituciones.

"El problema fundamental del dinero convencional es toda la confianza que se requiere para hacerlo funcionar. Debemos confiar en el banco central para que no devalúe la moneda. Pero la historia del dinero

fiduciario está llena de abusos de esa confianza (...) Hace una generación los sistemas de ordenadores de usuarios múltiples tenían el mismo problema (...) Después llegó la encriptación fuerte y ya no tenía que basarse en la confianza. Los datos podían asegurarse de una forma que hacía imposible que fueran accesibles por otros. Es tiempo de que tengamos lo mismo para el dinero.

Sathosi Nakamoto

Creador de Bitcoin"

Su perfil en dicha fundación, contiene todos los escasos datos que se conocen sobre él.

Según lo que quiso compartir allí, y que no necesariamente debe ser cierto, es un hombre nacido el 5 de abril de 1975 y originario o residente de Japón, al menos para la fecha de actividad del perfil.

Los primeros desarrolladores que estuvieron en contacto con él para colaborar en Bitcoin también consiguieron poca o ninguna información personal, pese a haberse comunicado con él de forma frecuente.

O al menos, eso es lo que aseguran.

El programador Hal Finney fue la primera persona en recibir bitcoins, específicamente, 10 BTC, el 12 de enero de 2009.

Otros partidarios tempranos de la tecnología fueron Wei Dai y Nick Szabo.

Los tres son creadores de sistemas precursores de la criptomoneda y también los tres han sido señalados como candidatos de ser Satoshi, aunque lo han negado.

Por su parte, el desarrollador Laszlo Hanyecz, o mejor conocido como el sujeto que compró una pizza por 10.000 BTC, se involucró como voluntario en el desarrollo de Bitcoin durante el 2010.

Por esa fecha estuvo compartiendo correos con Nakamoto, pero comentaba que todas sus charlas se limitaron a la criptomoneda.

Y a mediados de 2010, Sathosi entregó el control del repositorio del código fuente y la clave de alerta de red a Gavin Andresen, transfiriendo dominios relacionados a otros miembros importantes de la comunidad y deja de participar en los foros y enviar e-mails desde su dirección original.

Del mismo modo, su cartera, estimada en aproximadamente un millón de bitcoins, queda en el limbo.

Así que, se llegó a la conclusión de que un código así no pudo haber sido desarrollado por una sola persona.

Se ha especulado que Nakamoto no es japonés, sobre todo porque además, utilizar expresiones originarias del inglés británico, por lo que se ha sugerido que podría ser ciudadano de algún país perteneciente a los 53 territorios que comparten lazos históricos con el Reino Unido.

La hipótesis de que no es japonés, o que no residía en Asia fue reforzada por el programador suizo Stefan Thomas, quien analizó los horarios de todos los post de Nakamoto y llegó a la conclusión de que su actividad disminuía notoriamente entre las 5:00 a.m. y las 11:00 a.m del meridiano de Greenwich; lo que es equivalente en Japón al periodo entre las 2:00 p.m y 8:00 p.m.

Si se considera que en este horario dormía, resulta un poco extraño que lo hiciera durante la tarde, por lo que resulta también probable que se haya ubicado en alguna región dentro de la zona horaria UTC-5 o UTC-6, que incluye básicamente varias regiones del continente americano.

Existen muchos sospechosos de poder ser Sathosi Nakamoto.

Las personas y organizaciones acusadas de esconderse tras este seudónimo son numerosas, y, por supuesto, algunas han sido más sospechosas que otras.

Dorian Nakamoto es el candidato más conocido, aunque el menos probable. Pues en 2014 se apuntó el tanto de ser el creador de Bitcoin, dónde afirmó haber trabajado en Bitcoin.

En esa misma fecha el perfil del creador de Bitcoin en la Fundación P2P publicó su primer mensaje en años: *"No soy Dorian Nakamoto".*

Si bien, se cree que su cuenta en esa fundación fue hackeada, por lo que la legitimidad de esa afirmación queda en el limbo.

Nick Szabo es el diseñador del llamado "bit gold", un mecanismo teórico para una moneda digital descentralizada, donde un participante podría dedicar poder computacional a resolver acertijos criptográficos para validar las transacciones. Algo idéntico a Bitcoin, de hecho. También es considerado el padre de los contratos inteligentes. Esto, sumado a los hechos de que solía usar seudónimos en 1990 y fue uno de los primeros partidarios de Bitcoin.

Wei Dai ha hecho múltiples aportes al campo de la criptografía, pero quizás lo que más lo apunta es que su nombre aparece ya desde el Libro Blanco de Bitcoin y es el creador del "b-money", predecesor de la primera criptomoneda y que se usó como referencia para su diseño.

El "b-money" buscaba crear un *"sistema de efectivo electrónico distribuido y anónimo".*

Hal Finney, activista cypherpunk, inventor del primer sistema de Prueba de Trabajo (PoW), que luego sería implementado en Bitcoin.

Fue la primera persona en recibir bitcoins

La escritura de Finney era la más similar a la de Nakamoto.

Craig Wright, un hacker supuestamente logró infiltrarse en las cuentas de correo de Wright, donde se podía ver que *"Satoshi Nakamoto"* era en realidad un seudónimo conjunto que también incluía al analista computacional forense y amigo de Wright, Dave Kleiman, fallecido dos años antes en circunstancias muy desafortunadas.

Poco después, la lista de desarrolladores de Bitcoin Core recibió email cuenta satoshi@vistomail.com, atribuida al creador de Bitcoin desde sus inicios, donde se leía: *"No soy Craig Wright. Todos somos Satoshi".*

Una de las pruebas necesarias para destaparse como Sathosi es sencillamente, mover los primeros BTC creados, nunca movidos de una dirección hacia otra.

Otra forma de hacerlo es firmar algún mensaje con la llave criptográfica del bloque génesis, o bien con la llave PGP atribuida a Nakamoto.

Existe la teoría de que Satoshi Nakamoto no puede tratarse de una sola persona.

Bitcoin podría haber sido invención de un grupo de expertos relacionados al sector financiero, probablemente del continente europeo.

En cuanto a las empresas y agencias, se cree que Satoshi Nakamoto es un acrónimo conformado por las gigantes tecnológicas, Samsung, Toshiba, Nakamichi y Motorola.

Otra teoría es la de que Bitcoin fue una invención de la Agencia Central de Inteligencia (CIA) o de la Agencia Nacional de Seguridad (NSA), ambos organismos de defensa de los Estados Unidos.

En todo caso, si se trata de un grupo de personas o de una organización, eso explicaría porque el millón de bitcoins pertenecientes a Satoshi Nakamoto nunca fueron movidos.

Si Satoshi Nakamoto escondía a un grupo de personas tras de sí, es más que seguro que existen varios que conocen la identidad de todos los miembros del grupo, pero han decidido callar al respecto.

Entre ellos, pueden estar los primeros partidarios de la tecnología.

Ahora bien, también es bastante probable que la CIA y la NSA conozcan la identidad de Nakamoto.

Sin embargo, la NSA al parecer contaba con muchas más herramientas, en específico, acceso a los servidores de Google, Yahoo, Facebook, Microsoft y Amazon, por lo que pudieron revisar billones de correos electrónicos en busca de coincidencias utilizando una súper computadora.

Así que, en conclusión, seguramente sí existen personas y organizaciones que saben quién o quiénes son Satoshi Nakamoto.

Pero dados los ideales descentralizados que marcan el camino de esta tecnología, en realidad no es necesario que esa información sea pública.

Al fin y al cabo..." Todos somos Sathosi"

En la actualidad puedo decir que he trabajado e invertido en el espacio durante más de tres años, lo cual es un tiempo relativamente largo en este mercado.

He participado en un ICO completo, desde la preventa hasta la venta principal, y he estado consultando con el mismo proyecto desde entonces, y mis principales clientes tienen diferentes tipos de proyectos, por lo que recibí una educación muy inmersa. no podría haber llegado de ninguna otra manera.

Más allá de eso, me fascinan los cambios tecnológicos y los otros cambios potenciales que son posibles gracias a las tecnologías, por lo que leí todos los libros de una editorial importante, muchos libros blancos y muchos libros autoeditados, y un libro completo.

En definitiva, absorbí mucha información...

Finalmente, aprendí haciendo, en términos de inversión, incluido todo lo relacionado con la expansión a tokens de seguridad y valores respaldados por activos (por tokens blockchain).

Y con la variedad de ganancias y pérdidas que uno esperaría en un mercado joven, todavía pequeño y volátil, como representan los cryptoassets.

Sin embargo, creo que esta educación probablemente me sirva bien por el resto de mi vida, a medida que los mercados de criptografías crecen y maduran con el tiempo y sobre todo, te llegue y te sirve a ti como lectora o lector.

En una palabra: inmersión.

En términos de aprendizaje de los espacios de mercado de blockchain y criptomonedas, y en términos de inversión y participación en proyectos directamente, haciendo" a tiempo completo, con respecto a todo lo anterior.

Una de las mejoras cosas que puedes hacer es un resumen de todas y de cada una de las mejores cien criptomonedas del mercado.

Aunque eso te lleve meses.

Esto te dará una muy buena visión general de todo y formará tu base para criptografía.

La base está en psicología, en informática y en los negocios.

Los 3 hechos son cruciales para entender lo que es importante en cripto.

Leer criptografía y acerca de criptomonedas todos los días para ver siempre los nuevos desarrollos.

Negocie todos los días, lo que le dará una mejor idea del mercado con cada operación.

Sin embargo, en un momento dado, el aprendizaje se detiene, porque solo tienes tu propia opinión y solo puedes investigar mucho por tu cuenta.

Ahí es donde debes de investigar cada semana.

Esto expanderá tu conocimiento para cada pregunta y comprueba que tu conocimiento sea exacto.

Habla con mucha gente que esté muy involucrada en el cifrado, lo que te da mucha exposición a nuevas ideas que no se ven en los foros.

Entendamos qué es BTC. Bitcoin.

Se trata de una criptomoneda, es decir, de un activo digital cuya función es la de poder realizar un intercambio utilizando criptografía para controlar sus fondos y gestionarlos sin necesidad de los bancos o autoridades centrales.

Su creador ya lo repasamos anteriormente. Sathoshi Nakamoto.

Antes de que Bitcoin saliera a la luz, existían algunas tecnologías digitales de dinero en efectivo con emisor centralizado basadas en los

Se minó, se extrajo un total de un millón de bitcoins antes de que el padre fundador desapareciera y entregara las "llaves" al desarrollador Gavin Andresen, quien luego se convirtió en el desarrollador líder de Bitcoin en la Fundación Bitcoin.

El 6 de agosto de 2010, se detectó una vulnerabilidad importante en el protocolo Bitcoin.

Las transacciones no se verificaban adecuadamente antes de que ser incluidas en la blockchain, lo que permitía eludir las restricciones económicas de Bitcoin y crear un número indefinido de bitcoins.

Y el 15 de agosto, la vulnerabilidad fue explotada activamente: se generaron más de 184 mil millones de bitcoins en una transacción y se enviaron a dos direcciones en la red.

La transacción se detectó y se borró de la cadena de bloques. Dando lugar a la bifurcación de la red a una versión mucho más actualizada del protocolo Bitcoin.

Este ha sido el único fallo de seguridad importante encontrado y explotado en la historia de Bitcoin.

Entre los actos más importantes de los años anteriores puedo destacar...

En 2011 comenzaron a surgir otras criptomonedas.

Ese mismo año se comenzó a comercializar bitcoin, aceptándose cómo donaciones, cómo dinero digital en organizaciones sin ánimo de lucro.

En 2012 se creó la Fundación Bitcoin, el creador de la red de Ethereum, cofundó una revista conocida cómo Bitcoin Magazine y se empezó a aceptar a Bitcoin como método de premiación en blogs como Wordpress entre otros.

En 2013 Mt. Gox que no estaba registrada como transmisora de dinero sufrio graves consecuencias siendo investigada de lleno.

Se destapó Silk Road de entre la deep web...

Muchos de los bitcoins formaban parte de actividades ilegales tal y cómo salía a la luz en las búsquedas que obtuve cuándo realicé mi primera búsqueda en internet para conocer más acerca de Bitcoin.

El banco popular de China prohibió la comercialización de Bitcoin.

Pese a ello Bitcoin seguia dándose a conocer lanzando los primeros cajeros ATM. En los que la gente de a pie podía adquirir sus primeros Bitcoins sencilla y fácilmente.

Una de las trabas más grandes sucedió en 2014 con el exchange, intercambiador de monedas digitales Mt. Gox que se declaró en quiebra en Japón con alegaciones de que se habían robado 744 000 bitcoin.

Y que causaría tanta gravedad en el trascurso de vida de esta criptomoneda, a ella y a las demás "altcoins".

En estos años, la extracción de Bitcoins era muy rentable puesto que se podían "minar" desde un ordenador con poca capacidad centenares de bitcoin en poco tiempo.

Recordad que el precio de Bitcoin en su salida era de 0.003 dólares y en la actualidad alcanzó hace un año 20,000 dólares aproximados.

Es por ello que se requieren sistemas bastante sofisticados, refinados y caros y la extracción es complicada y supone un gran gasto económico y eléctrico.

La expansión de Bitcoin en 2015 y 2016 iba viento en popa a toda vela.

Muchos sitios webs vendian artículos en bitcoin, se compraba con bitcoins y facilitaba mucho las cosas para ciertos establecimientos de a pie.

Las actividades clandestinas junto con los hackeos de intercambios de criptomonedas eran y son el gran azote de este mundillo.

En la primera mitad del año pasado, en 2017, Bitcoin superó por primera vez el precio de una onza de oro, para llegar a 1402,03 dólares en el mes de mayo.

El gran impulso ocurrió hace un año justo.

El 17 de Diciembre de 2017.

Alcanzando Bitcoin un nuevo máximo Histórico, incentivado por la especulación de los Futuros de CME y CBOE, en el exchange de Binance de 19,798.68 dólares.

A partir de ahi en este 2018 el precio ha venido cayendo y rebotando, resultado de nuevas especulaciones sobre la aprobación de las CFEs y las negativas de la SEC.

Se prevé una nueva caída y un nuevo mínimo en 2018, pero si son aprobadas sera un detonante para finales de Febrero de 2019.

¿Satoshi Nakamoto permanecerá anónimo para siempre?

Sí, considero que es lo más apropiado.

No cuando otros sienten que debería dar un paso adelante.

La gente piensa que tendría impacto en la tecnología bitcoin, blockchain.

Por supuesto, algunos le escucharían y harán preguntas sobre el camino aseguir.

Sin embargo, actualmente los desarrolladores centrales alcanzaron un nivel tan alto en la comprensión de la tecnología que tienen más conocimientos en el campo.

Muchas instrucciones en la implementación sucedieron con Hal Finney y hubo momentos en los que explicó pasos importantes en el proceso, pero por otro lado, hubo momentos en los que realmente necesitaba escuchar los consejos de Hal Finney.

Sin duda, escribió el artículo científico; sin embargo, Hal Finney implementó el libro blanco en un prototipo de trabajo, enmascarándose en una cuenta compartida en los repositorios.

Así que pienso, cuando se presente, acabará por curiosidad.

Un idealista que tuvo una gran idea.

Quién inspiró a muchas personas a crear una tecnología increíble basada en su documento técnico y esto se extendió a otras tecnologías como las aplicaciones descentralizadas basadas en la cadena de bloques.

Pero al lado de la billetera de ballenas, no controla bitcoin, blockchain o lo que sea porque está diseñado para estar libre de control por parte de individuos, organizaciones, estados para excluir la posibilidad de corromper el mecanismo debido a un fallo o debilidad humana.

Así que cuando de un paso adelante solo necesitará poner la prueba en la mesa, usando el bloque genesis para firmar un mensaje a través de la cadena de bloques, con la clave pgp 0x5EC948A1 y para revelar un documento registrado en el artículo científico antes de la fecha de publicación en 2009 en Internet.

Sin mencionar el hecho dentro de la génesis hay referencias codificadas.

Es por eso que todos aquellos que quieran fingir ser Sathosi, fallarán.

Y nadie se atreverá a afirmar que es él, porque no tienen toda esa información y claves privadas.

Por ahora, crea la impaciencia y la duda de la gente.

Pero él decide cuándo y cómo.

Ser una celebridad, no le dejará solo por el resto de su vida.

En este momento, disfruta su vida con su familia y puede hacer lo que quiera.

Su libertad desaparecería en el momento en que se revelara.

Sería procesado por evasión de impuestos y todos los demás "delitos" que el gobierno pueda evocar.

¿Vale la pena procesar 500 millones de dólares y posiblemente pasar 10 años en la cárcel si ya eres rico?

Probablemente no.

Si supiera quién o qué es Satoshi Nakamoto no sería capaz de contarle al mundo ni arruinar el imperio de Bitcoin.

No lo haría, pero en todo caso, aumentaría el bombo, porque los federales querrían encerrarlo.

Por lo citado anteriormente...

Les debe 30 billones en impuestos y no los ha pagado en años.

Satoshi posee 1 millón de bitcoins, actualmente con un valor de 80 billones de dólares.

Esto es un fraude fiscal por ley y se castiga con algunos años de prisión, posiblemente más si considera el tamaño del fraude.

Por esa razón, habrá una gran búsqueda de Nakamoto, que será cubierta por la prensa diariamente, porque les dará tantos clics.

Sin embargo, lo más probable es que el público se una detrás de Nakamoto, porque a nadie le gusta el gobierno y las personas están detrás del tipo que representa al pequeño y al que está en contra del gobierno.

Dado que la ley es subjetiva y los individuos populares están protegidos por el público, probablemente terminaría en un acuerdo de culpabilidad en el que Nakamoto se comprometiera con el 90% de sus tenencias para la caridad por su libertad y luego se convertiría en presidente de los Estados Unidos, porque a todo el mundo le gusta...

¿Cómo le describirías Bitcoin a un niño?

Blockchain es como una alcancía, pero en lugar de tener una persona que revise su alcancía, tiene 100,000 personas que lo hacen.

Mientras la mayoría de la gente diga que su hucha cerdito es legítimo, entonces es legítimo y nadie puede hacer nada al respecto.

Esos 100.000 cajeros bancarios tampoco pertenecen a un banco específico ni a un país específico.

Viven en los barrios marginales de la India, son un niño escolar en Alemania, una abuela en China, un futbolista en México, un político en Suecia, un agricultor en África o incluso un millonario en Canadá.

Esas personas tampoco se conocen.

Esto es también lo que significa la descentralización.

Nadie puede robar su alcancía, ocultársela o hacer alguna condición antes de que pueda tener su alcancía.

Bueno, podrían, pero tendrían que convencer a la mitad del mundo para hacerlo.

Entonces... ¿Qué le aporta valor a Bitcoin?

Dos cosas, la adopción y el poder hash.

Cuantas más personas posean y utilicen una criptomoneda, más personas querrán poseerla también y utilizarla para pagar.

Una vez que hay mucha gente que usa una criptomoneda, tiene efectos de red y hace que sea más difícil que falle la criptomoneda.

Segundo viene el poder hash.

Las personas que poseen Bitcoin pueden estar seguras de que sus fondos son seguros, porque los fondos están asegurados por el poder hash de la red, ya que para atacar la red, el atacante tendría que producir el 51% del poder hash de la red, ocho millones de dólares.

Esto es valioso, porque los mineros están gastando dinero en energía para mantener la red.

Mientras que suficientes mineros gasten dinero en minería, la minería es valiosa para los mineros, los propietarios de bitcoin pueden estar seguros de que la red es segura.

En resumen, Bitcoin es valioso, porque los mineros gastan mucho dinero en la minería, porque piensan que es valioso, porque la red está asegurada por este valor.

En segundo lugar, Bitcoin es valioso, porque mucha gente lo sabe y lo posee.

Esto también se llama reconocimiento de marca.

Coca Cola, la marca también es valiosa por sí misma.

Lo mismo ocurre con Bitcoin.

¿Cuál es el mayor no-no al querer comprar bitcoin?

El no saber qué es realmente Bitcoin.

¿Es Bitcoin "este dinero mágico de internet que viene de internet" para usted?

¿Puedes entender de dónde viene el valor?

¿Sabes lo qué estás comprando?

Compra según titulares... es decir.

¿Estás comprando solo porque las noticias sacaron un titular al respecto?

"Mantener su bitcoin en Coinbase", o cualquier billetera de terceros para el caso.

Es como comprar oro y luego pasárselo a otra persona "para su custodia" en lugar de retenerlo usted mismo.

¿Cuál es el punto de comprar algo cuando le cede su propiedad?

TUS CLAVES, TUS MONEDAS; NO SUS CLAVES, NO SUS MONEDAS.

Hay mucho más en Bitcoin que solo la posibilidad de obtener una ganancia superior de dos dígitos.

Comprender solo los tres grandes no-no mencionados arriba debería ponerle en el camino correcto para saber en qué está participando.

Representa una nueva tecnología y un cambio fundamental silencioso y lento hacia la forma en que los humanos interactúan entre sí.

¿Cómo cambiarán el bitcoin y la criptomoneda el mundo en cuestión de diez años?

Creo que habrá tres cambios masivos.

El reemplazo de dinero FIAT y Bitcoin.

Teniendo en cuenta que todo el oro en el mundo vale 7.8 billones de dólares, todo el dinero supone 28.6 billones de dólares, que los mercados de valores tienen 70 billones de dólares, una capitalización global de criptografía está entre los 28.6 billones de dólares y que llegase 70 billones no es irrealista.

Eso es, por supuesto, solo si las criptomonedas reemplazaran al dinero FIAT.

Entonces, digamos que cripto crece 150 veces desde hoy a tocar 50 trillones de dólares...

Tampoco creo que Bitcoin siga existiendo en el momento en que eso ocurriese.

Algunos dicen que funcionará como el oro digital, pero las mareas pueden cambiar extremadamente rápidamente en la criptografía.

Entonces, cuando una criptomoneda logra obtener una adopción masiva, Bitcoin podría disminuir en un 98% en cuestión de 3 años rápidamente.

Creo que Bitcoin encontrará su máximo en 70,000-100,000 dólares, en el próximo año, ya que todas las corridas de toros hacen un retorno d Bitcoin de 17x

Luego, se producirá el desplome del 70%, como con todas las corridas de toros en promedio hasta 21,000-30,000 y luego probablemente se mantendrá entre 20,000 y 40,000 por unos pocos años, pero luego volverá a perder lentamente la participación de mercado, ya que la tecnología de Bitcoin es mala y si Bitcoin no se vuelve 1.000 veces más escalable, más amigable con la energía, más descentralizado y más rápido, desaparecerá.

Tal como se ve ahora, no veo que pueda alcanzar otras criptomonedas que innovan cinco veces más rápido que Bitcoin.

Bitcoin es demasiado lento para innovar.

Tienen cientos de desarrolladores y cada cambio debe ser aprobado por la comunidad.

Esto paraliza la innovación.

Demasiados cocineros...

La implosión y recuperación de la industria bancaria.

Dado que el servicio principal de los bancos, el almacenamiento de dinero, probablemente ya no será necesario en los próximos tres años, el 80% de los banqueros perderá sus empleos y el 80% de los bancos probablemente tendrán que cerrar.

Sin embargo, sobrevivirán algunos bancos, los que crean servicios en torno a las criptomonedas, como préstamos, pasarelas de pago, consultoría, mejoras de seguridad.

La implosión de industrias muy grandes y su posterior remodelación.

El blockchain tendrá el mayor impacto de industrias muy complejas, donde hay muchos guardianes e intermediarios que sacan dinero y lo ponen en sus propios bolsillos.

El blockchain lo democratiza todo y toma el poder de muy pocos a muchos.

Estas son esas industrias...

Las de votación, atención médica, juegos de azar, fondos de pensiones, energía, juegos, bienes raíces, préstamos, emisión de boletos, ISP, almacenamiento descentralizado, identificación de seguridad, adultos.

Por lo que es probable que este mercado se incremente a un límite de 50 billones a partir de los 300 billones actuales.

Entonces. Por dónde comienzo con Blockchain.

¿Dónde aprendo sobre Blockchain?

Hay muchos cursos disponibles en línea, pero en serio, la única manera de aprender realmente blockchain es hacer cosas de blockchain usted mismo.

Aquí sabrás como podrás hacerlo.

Si realiza todos estos pasos, ya sabe que hay una tonelada métrica sobre blockchain.

También pongo el tiempo detrás de cuánto tiempo probablemente tomará cada punto.

La configuración de un nodo en una cadena de bloques como Bitcoin, Ethereum, IOTA, Nano es cuestión de uno o dos días cada uno.

Como desarrollador de blockchain necesita saber qué cosas desarrollar, porque algunas cosas son malas como las redes autorizadas y confiables, centralización de agrupaciones mineras.

Mis respuestas, le brindarán una muy buena visión general de todas las cosas que son importantes en torno a la cadena de bloques, cómo el saber descentralización, escalabilidad, seguridad, todo tipo de ataques, comerciabilidad de una cadena de bloques, diferentes tecnologías de cadenas de bloques, ventajas y desventajas de las tecnologías de cadenas de bloques sobre entre ellos, la evolución de blockchains de la primera generación, segunda generación, tercera generación.

Las malas elecciones de diseño de blockchain, falacias en el diseño de blockchain, eliminando el sesgo emocional en las tecnologías de blockchain.

Para aprender las habilidades necesarias para el desarrollo de blockchain, aquí está cómo puede hacerlo.

Existen catorce algoritmos de consenso, entre los más utilizados en estos días:

Bifurcar una cadena de bloques existente, como Bitcoin o Ethereum te llevaría de tres a cinco días.

Bifurcar una billetera, se tarda tres días.

Cambiar el algoritmo de consenso en tu horquilla, te puede llevar una semana.

Configurar la red de prueba para ese fork y puesta en línea, aproximadamente uno o dos meses.

Una vez que haces esto, estarías muy adelantado en términos de desarrollo de blockchain.

Probablemente hay menos de 1,000 desarrolladores que han hecho lo anterior y actualmente hay una gran demanda de desarrolladores de blockchain.

Actualmente, la mayoría de los desarrolladores de blockchain solo son necesarios para las personas que desean iniciar su propia criptomoneda, que no son tantas.

Una vez que los bancos, los gobiernos, las compañías Fortune 500 comienzan a adoptar blockchain, esta necesidad explotará y la blockchain pasará a la corriente principal.

Si desea completar su conocimiento de blockchain y saber todo sobre el desarrollo de blockchain, también puede hacer estas cosas...

Escribir un contrato inteligente y ponerlo en línea en una plataforma decente como Ethereum, Elastos o Aeternity, en tres o cinco días debería de estar listo.

Escribir una dapp, "aplicación descentralizada" y ponerla en línea en plataformas de contratos inteligentes decentes como Ethereum, Elastos o Aeternity, entre dos o cuatro semanas.

Entonces si eres capaz de hacer esto, probablemente estés entre los 200 desarrolladores en todo el mundo y con mucha demanda.

Por lo tanto, estos son los pasos para convertirse en un verdadero desarrollador de blockchain.

Todo esto solo toma de dos a tres meses en total, por lo que la curva de aprendizaje es muy pronunciada.

Creo que los desarrolladores de blockchain serán los desarrolladores más demandados en dos años, por lo que definitivamente es una inversión que vale la pena.

La mejor manera de aprender esto es uniéndose a una compañía de blockchain, por lo que de esta manera usted recibirá un pago.

Para que lo entiendas mejor. El concepto perfecto de Blockchain, es decir, la mejor manera de describir blockchain a un no experto.

Has escrito una carta secreta a tu mejor amigo y quieres asegurarte de que nadie pueda leerla.

Así que haces 10 fotocopias idénticas de la carta y las encierras en 10 cajas separadas.

Cada uno de estos cuadros tiene dos combinaciones secretas de números que puede usar para desbloquear el cuadro: la primera combinación puede usarse para desbloquear el cuadro anterior, y la segunda combinación para el siguiente cuadro.

Luego distribuye estas cajas por la ciudad: deje una en el patio de la escuela, otra en la casa de sus padres, etc.

De esta manera, se asegurará de que incluso si alguien puede desbloquear una de estas cajas y logre robar la carta o cambiarla.

Para otra cosa, las otras nueve letras permanecerán con el texto original, por lo que puede probar cuál era el original.

¿Por qué diez cajas y diez letras, te preguntarás?

Porque esto no te lleva mucho tiempo ¿o sí?

¿Qué es lo que hacen los programadores para corregir la deficiencia de la tecnología blockchain?

La tecnología de Bitcoin es muy defectuosa y los cambios que se están realizando son extremadamente lentos.

Esto se debe a que Bitcoin tiene una comunidad muy grande y muchos desarrolladores necesitan ponerse de acuerdo sobre los cambios.

Eso es muy malo para que una tecnología evolucione y es por eso que otras criptomonedas mejoran mucho más rápido que el gigante de Bitcoin.

Las fallas de la tecnología de Bitcoin son:

Las transacciones muy lentas de llegar a suponer horas.

Esto es inutilizable como moneda digital.

La baja escalabilidad de solo siete transacciones por segundo (TPS).

Actualmente, VISA realiza 10,000 transacciones por segundo en un día normal y puede manejar 60,000.

Este es el número mínimo de TPS que una moneda digital debería poder manejar.

Tal vez esto se mejore con la red de rayos, pero esto no es tan seguro.

Las tasas, que lo hacen inutilizable para las micro-transacciones.

Son un gran desperdicio, porque Bitcoin utiliza tanta energía como Irlanda, el país.

Es extremadamente centralizado por dos grupos mineros que pueden lanzar un ataque de doble gasto con un cambio de éxito de más del

90%.

El único factor que actualmente protege a Bitcoin es el social.

Esto es cero seguridad en la seguridad informática.

Para atacar a Bitcoin, solo se necesita un interno malicioso con alguna habilidad para hacerse cargo de Bitmain, ya que Bitmain tiene el control del 51% del poder de hashing, para un corto tiempo y lanzar un ataque de doble gasto, ya sea a través de ingeniería social, chantaje, coerción, piratería informática.

No sabemos cuántas veces se ha intentado esto, probablemente varias veces y ha fallado debido a la suerte.

La única variable que protege a Bitcoin en este momento es social.

Esto es cero seguridad en la seguridad informática.

Si eso sucede, es probable que esto también afecte al mercado si eso sucede, ya que la gente se dará cuenta de lo vulnerable que es BTC.

¿Cómo va a cambiar el mundo la tecnología blockchain?

Blockchain cambiará el método para cada intercambio e intercambio de información, efectivo y códigos de forma absolutamente descentralizada.

Muchas personas perciben los términos blockchain y criptomonedas como un sinónimo de más exageraciones de las monedas criptográficas.

Originalmente, se desarrolló para que sirviera como el registro público de transacciones de la criptomoneda.

La invención de blockchain para bitcoin lo convirtió en la primera moneda digital en resolver el problema del doble gasto sin la necesidad de una autoridad confiable o un servidor central.

Cuando, de hecho, hay mucho más en la tecnología blockchain que solo una opción de pago.

En general, las personas y todas las industrias dependen de las bases de datos que son propiedad de compañías que tienen acceso a los datos confidenciales que guarda en sus sistemas, como datos bancarios, transacciones financieras y mensajes privados, para almacenar y transferir información entre sí.

Pero hoy en día la gente no confía en que estas compañías mantengan sus datos seguros o privados, han inventado una plataforma que almacena y transfiere datos de una manera nueva y le permite mantenerse a salvo.

Esta tecnología se llama **blockchain**.

La gente está entusiasmada por sus posibles aplicaciones:

Un internet descentralizado, en el que muchas empresas están trabajando actualmente.

En la creación de plataformas descentralizadas de Internet para distribuir todas las funciones de Internet a través de nodos distribuidos, lo que aumentaría la flexibilidad de la red mundial.

El que haya un mercado descentralizado permite el comercio sin la participación y la confianza de terceros.

Las redes de redes sociales descentralizadas; los sitios de redes sociales están centralizados e involucran a cualquier tercero.

Como todos saben ahora sobre el escándalo de datos de Facebook-Cambridge Analytica que involucra la recopilación de información de identificación personal de hasta 87 millones de usuarios de Facebook y casi con seguridad un número mucho mayor que Cambridge Analytica comenzó a recopilar en 2014.

Los datos supuestamente se utilizaron para intentar para influir en la opinión de los votantes en nombre de los políticos que los contrataron.

Para evitar la filtración de sus datos personales, se necesitan plataformas de redes sociales descentralizadas para mitigar esto y recompensar económicamente a los creadores de contenido.

Una votación autenticada, mientras que la votación digital puede ser susceptible de manipulación, la tecnología de votación de la cadena de bloques es verificable y permitiría que cualquiera audite la cadena de bloques para confirmar que los votos están sellados y son legítimos.

Bolsa de valores, Blockchain puede hacer que las bolsas de valores sean mucho más óptimas mediante la automatización y la descentralización.

Puede ayudar a reducir los enormes costos que se cobran a los clientes en términos de comisiones, a la vez que agiliza el proceso de liquidación rápida de transacciones.

Bienes raíces, las transacciones de bienes raíces a menudo se llevan a cabo fuera de línea e involucran compromisos personales con varias entidades.

Blockchain, sin embargo, abrió formas de cambiar esto.

La introducción de contratos inteligentes en plataformas de blockchain ahora permite que los activos como los bienes raíces sean tokenizados y comercializados como criptomonedas como bitcoin y ether.

A medida que las aplicaciones de la tecnología blockchain en el mundo real son cada vez más comunes, la cantidad de datos transaccionales almacenados en varios libros de contabilidad se vuelve enorme.

Almacenar estos vastos lagos de datos en proveedores de almacenamiento en la nube convencionales como AWS y AZURE costaría una fortuna.

Sin embargo, hoy en día hay muchas compañías que lanzan proyectos sobre análisis de datos basados en blockchain para ahorrar costos y descentralizar los datos.

Medición de prioridades, las prioridades se establecen de acuerdo con el modelo de negocio, pero cada negocio tiene una prioridad diferente en función de sus puntos débiles.

Alguien quiere aumentar sus ingresos, alguien tiene como objetivo reducir sus costos de insumos.

Creación de paneles personalizados, creamos paneles personalizados para el cliente según su plan y prioridades.

La selección de características y prioridades personalizadas está disponible.

Análisis de texto, es el proceso utilizado para convertir los datos no estructurados en datos significativos para el análisis, para medir las opiniones de los clientes, las revisiones de productos, los comentarios, para proporcionar la función de búsqueda, el análisis de sentimientos para apoyar las decisiones basadas en hechos.

El análisis predictivo, utiliza la minería de datos, el modelado predictivo y las técnicas analíticas para reunir la gestión, la tecnología de la información y el proceso empresarial de modelado para hacer predicciones futuras.

El proceso de análisis predictivo incluye la recolección de datos, análisis de datos, estadísticas, modelado de datos, implementación y monitoreo de modelos.

Un sistema bien guiado debe manejar el proceso total de análisis predictivo para hacer predicciones de eventos futuros utilizando datos pasados.

Visualización de datos, la creación de gráficos y paneles de control se trata de la visualización de datos, pero en esto planeamos ir al siguiente paso y dar la opción de elegir cualquier gráfico de elección, 2D o 3D o incluso multidimensional, según lo prefieran las empresas comerciales.

Estadísticas descriptivas, los datos se dividen entre varios parámetros, luego se crean grupos de estos modelos, nuestros estadísticos se aseguran de proporcionar el mejor conocimiento de los datos sobre estos parámetros para su mejor comprensión.

Calidad e integración de los datos, cuando se almacena una cantidad tan grande de datos, hay muchas posibilidades de que los datos sean redundantes e incluso no auténticos a veces.

En los sistemas de big data hay mucha repetición de datos que solo crea confusión y demasiados gastos.

En última instancia, esto conduce a pistas mal orientadas y consecuencias poco fiables.

La principal ventaja de la tecnología blockchain es que no requiere una organización centralizada tradicional.

El sistema distribuido de blockchain no depende de las transacciones punto a punto, la coordinación y la colaboración de un centro de crédito en un sistema distribuido, evitando así los problemas prevalecientes de seguridad de datos, eficiencia de coordinación y control de riesgos de las organizaciones centralizadas.

La transparencia.

Por la tecnología blockchain, los datos son difíciles de manipular.

Cualquier persona puede acceder a la base de datos para registrar transacciones.

A través de este modo transparente y abierto, todos pueden actuar como supervisores.

Los cambios en los datos pueden ser fáciles de leer y más seguros que las tecnologías de Internet tradicionales

Ninguna transacción puede ocurrir sin ser registrada en este sistema.

Sirve como una forma compartida de mantenimiento de registros.

La popularidad de blockchain proviene principalmente del desarrollo y el éxito de la criptomoneda, Bitcoin.

Cada bloque de información tiene un historial conectado.

Seguridad de datos.

La tecnología blockchain está conectada con múltiples nodos en diferentes lugares.

Los nodos en la cadena de bloques interactúan a través de un protocolo de comunicación punto a punto.

Diferentes nodos pueden ser utilizados por diferentes desarrolladores en diferentes lenguajes de programación y en diferentes versiones de nodos completos bajo la conformidad de los protocolos de comunicación.

En pocas palabras, cuando un nodo se encuentra con problemas de red, fallas de hardware, errores de software o está controlado por piratas informáticos, la operación de otros nodos y sistemas participantes no se verá afectada.

Así que las blockchains son más confiables que las tecnologías tradicionales.

Bajo costo.

Debido a que el blockchain está descentralizado, cuyos sistemas son mantenidos por todos los participantes, no hay necesidad de pagar un cierto costo por la administración central y la supervisión de las agencias de terceros.

Junto con el apoyo de una amplia gama de cooperación para el desarrollo en diferentes lugares, la tecnología blockchain es un nuevo modelo de colaboración de bajo costo y alta eficiencia.

Las ventajas de la tecnología blockchain sobre las tecnologías tradicionales son obvias.

Sin embargo, en algunos aspectos, todavía tiene deficiencias y deficiencias.

Por ejemplo, el rendimiento y el ancho de banda de almacenamiento en el rendimiento están lejos de satisfacer las necesidades de pago de toda la sociedad; las transacciones solo pueden llevarse a cabo una por una bajo soporte tecnológico, lo que restringe severamente las capacidades de procesamiento de los nodos; no hay programas maduros para el registro de nombres reales de activos.

Estoy convencido, por supuesto, de que con la promoción y mejora de la tecnología blockchain, definitivamente será capaz de satisfacer las necesidades específicas de diferentes personas en diferentes escenarios.

El desarrollo de blockchain.

Con tales ventajas, su futuro es bastante prometedor.

Aquí hay algunas tendencias de desarrollo de la misma:

La combinación con internet de las cosas.

En la actualidad, muchas redes de Internet de las cosas (IOT) son redes internas de autoorganización de operadores y empresas que son costosas de establecer.

Además, la estructura centralizada de Internet of Things no puede proteger de manera efectiva la seguridad y privacidad de los datos de los usuarios.

La descentralización de la cadena de bloques proporciona a Internet de las cosas la posibilidad de resolver estos problemas.

A través de la interconexión punto a punto para la transmisión de datos, toda la Internet de las cosas no requiere la introducción de centros de datos a gran escala para la sincronización de datos y el control de gestión.

Todos, incluida la recopilación de datos, la publicación de instrucciones y las actualizaciones de software, pueden transmitirse a través de la red de blockchain, lo que reducirá en gran medida los costos.

Al mismo tiempo, los datos de la cadena de bloques no se pueden manipular o perder ilegalmente.

Por lo tanto, la Internet de las cosas combinada con la tecnología de cifrado de datos de blockchain y la red P2P no causará violaciones de seguridad ni fugas de privacidad.

La combinación con logística.

Por ejemplo, si la información de logística se almacena en una base de datos, podemos verificar la ruta logística y la programación en cualquier momento debido a la transparencia de la tecnología blockchain.

Incluso es posible analizar la experiencia de transporte anterior y actualizar constantemente las mejores rutas y horarios.

De esta manera, la eficiencia del transporte se mejora en gran medida.

La combinación con el financiamiento corporativo.

En la actualidad, muchas pequeñas empresas se enfrentan al problema de las dificultades financieras.

A través de la tecnología blockchain, las materias primas se pueden caracterizar con capitalización y, luego, su plataforma se puede utilizar para permitir que los fondos puedan acceder a las empresas de manera eficiente y rápida, apoyando la innovación y el desarrollo de las mismas, y mejorando continuamente el entorno empresarial para las PYME.

La combinación con la tecnología antifalsificación.

Hoy en día, el mercado está lleno de falsificaciones, lo que dificulta distinguir lo real de lo falso.

Si la introducción de la tecnología blockchain, con su función de trazabilidad de datos, el problema puede resolverse.

Por ejemplo, los diamantes se autentican con la tecnología blockchain, cuyos atributos se registran.

Siempre que haya actividad comercial ilegal, falsificación o fraude, se detectará.

Además de los diamantes, la tecnología blockchain también puede rastrear el origen de las drogas, el arte, los artículos de colección, los artículos de lujo, etc.

Para su información, Sony ha presentado recientemente una patente para Digital Rights Management basada en blockchain.

Aunque podría emplearse en la industria digital, sigue siendo una buena referencia para otras industrias.

Las perspectivas para la aplicación blockchain.

La aplicación de blockchain es la tendencia futura.

No solo será una tecnología emergente para la infraestructura financiera, sino que también seguirá teniendo un desempeño superior en muchas áreas.

Tiene ventajas obvias, pero también tiene deficiencias y deficiencias.

Actualmente, la aplicación de la cadena de bloques es para lograr un aterrizaje real, respaldar el negocio real y aún necesita mejorar constantemente en el nivel técnico.

En la actualidad, todavía requiere una mejora constante en el nivel técnico para lograr y apoyar la aplicación en la vida real.

Algunas otras formas en las que Blockchain está cambiando el mundo.

Informática descentralizada.

El arrendamiento de CPU o almacenamiento a cambio de recompensas emitidas en forma de token.

Financiar:

Pagos instantáneos y seguros sin necesidad de ninguna institución financiera.

Ciudadanía.

La información de identificación se puede almacenar en la cadena de bloques.

Contratos inteligentes.

Un contrato donde se garantiza la ejecución una vez que se cumplen ciertos criterios.

Esto ocurre sin la necesidad de un tercero.

Publicidad.

Los anunciantes pueden conectarse con usuarios que tienen un gran interés en sus productos y servicios y, a cambio, recompensar al usuario con tokens.

Médico.

Un blockchain para registros de salud, que acelera las aplicaciones y procedimientos médicos.

El blockchain es una tecnología descentralizada.

Una red global de computadoras utiliza la tecnología blockchain para administrar conjuntamente la base de datos que registra las transacciones de Bitcoin.

La tecnología Blockchain ofrece algo fuerte en el planeta donde todo se mueve y cambia.

Teniendo en cuenta esta y las numerosas características diferentes que tiene, hay muchas maneras en que Blockchain podría permitirnos cambiar el mundo.

Hay varias maneras diferentes en que Blockchain podría cambiar el mundo.

La tecnología Blockchain es la plataforma de software para servicios digitales líder en el mundo.

Utilizando la nueva tecnología para desarrollar un mejor sistema financiero, la producción de la plataforma blockchain es clave.

La reducción de los costos de transacción.

La tecnología Blockchain permite que los intercambios distribuidos y entre empresas se realicen sin el requisito previo de un agente externo, que generalmente es un banco.

Dado que no hay un compromiso del agente que se resuelva con los intercambios de blockchain, sugiere que realmente pueden disminuir los gastos para el cliente o las asociaciones después de algún tiempo.

La descentralización.

Esto efectivamente significa que no hay posibilidad de un solo punto de falla y, como resultado, las aplicaciones permanecen en línea sin apagarse.

Los micropagos incorporados y bajo su control.

En el mundo de blockchain, su navegador tendrá micropagos integrados.

Podrá usar esto para pagar un centavo de algunas criptomonedas para ver un artículo, por ejemplo.

Incluso pequeñas cantidades de valor serán fáciles de intercambiar y realizar un seguimiento de una vez que la tecnología de la criptomoneda alcance la madurez.

Si bien es probable que algunas tarifas de transacción se mantengan, los micropagos estarán en gran parte libres de cargos adicionales y fáciles de usar.

Los modelos de publicidad cambiarán, al igual que los modelos de suscripción, que pueden evolucionar hacia "pago por uso" o servicios pagados por día.

Tener un perfil personal seguro en tu navegador.

Blockchain también te permitirá crear un perfil personal seguro que confirme tu identidad.

Podrá navegar por cada sitio web que visite, ya sea a través de su perfil personal o de incógnito.

Esto puede no sonar muy emocionante al principio, pero considera esto: ya no tendrás que registrarte en ningún otro lugar.

Además, decidirá qué datos compartirá en su perfil y qué datos transferirá a cada sitio, con total transparencia garantizada.

Incluso podrá vender sus datos a voluntad, por ejemplo, compartiendo sus preferencias de anuncios o su ubicación y obteniendo tokens de utilidad que a su vez le dan acceso a muchos servicios diferentes, como transmisión o contenido exclusivo.

La Blockchain convierte todo en una economía compartida.

Para los anuncios web, el poder cambia de proveedores centralizados como Facebook a usted, el usuario. Con sus datos personales protegidos a través de la tecnología blockchain, usted controla quién obtiene su información, y si lo hacen, tienen que ofrecerle algo de valor a cambio.

El cambio también abarca la forma en que las empresas monetizan su contenido.

Hacerlo a través de micropagos les permite centrarse en la calidad del contenido que entregan, en lugar de recurrir a los anuncios tradicionales.

Blockchain se puede aplicar en muchos ámbitos diferentes a excepción de las finanzas y la banca.

Puede que se sorprenda, pero blockchain puede ser útil incluso en agricultura, educación, comercio mayorista y minorista.

En el negocio mayorista y minorista.

Blockchain podría ayudar con las estrategias de precios de las empresas.

Se podría crear un "centro de intercambio de información" para solicitantes de datos (negocios mayoristas y minoristas) y recolectores de datos, de modo que las empresas tengan información de precios de los competidores rica y actualizada.

En agricultura.

La blockchain puede ayudar a las compañías de seguros a hacer un seguimiento de la sequía y el incendio reales en momentos de falla de cultivos. Por lo tanto, puede eliminar las reclamaciones de fraude de la falla de cultivos. Además, ayudará en la iniciación automática de pagos mediante contratos inteligentes.

En educación.

Las certificaciones de aprendizaje y los títulos pueden almacenarse en la cadena de bloques, así como el historial de capacitación de los empleados.

Los MOOC también podrían beneficiarse de esta tecnología.

Es muy simple.

Todo lo que compre en línea se ejecutará mediante un algoritmo que es irrompible e incorruptible.

Airbnb, Uber, reservas de hoteles, etc.

No más cargos de terceros por nada: impuestos, testamentos, contabilidad, transferencias financieras.

Cosas básicas.

Tu vida se abarató gracias a una codificación inteligente.

¿Alguna vez necesitas una laptop por una hora?

¿O incluso un lugar para quedarse en el centro de la ciudad para dormir?

Bueno, solo revisa tu aplicación basada en blockchain para casas o artículos que no están en uso.

Paga a los propietarios, y si cumples con los criterios, la puerta se abrirá para ti.

Puedes alquilar cualquier "cosa" para obtener la máxima eficiencia.

¿Cuántas cosas posee todo el mundo que usan una vez al día, semana, mes?

Esto es bastante impresionante.

Es imposible decir cuánto está cambiando el mundo, porque las cosas están sucediendo muy rápido.

Los servicios de entrega pronto serán obsoletos, incluyendo DHL y UPS.

Entonces, plantéate...**¿Es la seguridad en línea un problema?**

Por supuesto, y ya existe una solución de código abierto basada en blockchain.

No vale nada que nada de esto sería posible si no fuera por Bitcoin y luego por Ethereum.

Fue el modelo financiero alternativo que permitió a las personas de todo el mundo financiar ICO que pronto se convertirán en cambiadores de juego.

Bitcoin ha quitado a las élites la verdadera fuente de poder, a través de las finanzas.

Sin ella, se rompen y las cosas se desmoronan maravillosamente.

En la tecnología de blockchain no tenemos una persona central o empresa involucrada en la proyección, por lo que ofrece seguridad.

La tecnología blockchain está conectada con múltiples nodos en diferentes lugares.

Los nodos en la cadena de bloques interactúan a través de un protocolo de comunicación punto a punto.

Está descentralizado y distribuido para que ninguna persona pueda derribarlo o corromperlo.

Desde la banca y las comunicaciones seguras hasta la atención médica y el uso compartido de viajes, blockchain tendrá un gran impacto en nuestro futuro.

Cualquier persona puede acceder a la base de datos para registrar transacciones.

A través de este modo transparente y abierto, todos pueden actuar como supervisores.

Blockchain... ¿Es una base de datos?

Sí, es una base de datos para bloques, que consiste en transacciones.

¿Qué tipo de base de datos y cómo funciona?

La red en sí no tiene un motor de base de datos.

Bitcoin Core y el software derivado de él (la mayoría del software altcoin se deriva de Core) utiliza LevelDB para indexar la cadena de bloques y almacenar los datos del estado de la cadena (conjunto UTXO, mejor bloque actual, etc.).

Utiliza BerkeleyDB para la cartera.

¿Cómo interactúan los usuarios con esa base de datos?

Los mineros determinan qué transacciones son válidas en función de la cantidad de energía minera que contribuyen a la red.

Miran todos los nodos y determinan cuáles contienen datos correctos y cuáles no.

¿Cuál es la capa de aplicación para blockchain?
¿Dónde se almacena esa aplicación?

Si consideramos que **DAPP = frontend + backend,** entonces el Front end (no en la cadena de bloques) será el frontend web estándar, por ejemplo, javascript (web3js) + HTML, la tecnología utilizada debe disponer de una API de RPC que interactúe con el cliente de ethereum.

Backend = smartcontract (almacenado en la cadena de bloques), por ejemplo, contratos de solidez donde define su lógica de negocios (transacciones, etc.) y tiene en cuenta que el contrato inteligente tiene su almacenamiento (ubicado en la cadena de bloques) donde puede almacenar los datos de su aplicación.

Excepto los contratos inteligentes, todo está fuera de la cadena de bloques.

¿Cuándo es mejor usar blockchain?

No todas las bases de datos deben ser alimentadas con blockchain.

Con toda la información sobre la seguridad de la descentralización y su impacto en las empresas, es fácil sobreestimar el poder de blockchain y pensar que todos lo necesitan.

Directamente, es una necesidad.

¡Incorrecto!

Aquí es por qué no debes apresurarte con el sistema descentralizado.

A veces necesitas un control de terceros.

No todas las transacciones requieren anonimato, de hecho, la mayoría de ellas no lo hacen.

Estos son casos específicos en los que el producto recopila y almacena una gran cantidad de datos confidenciales privados que a los usuarios no les gustaría terminar en manos de terceros (como mensajes privados) o lo necesita por razones de confidencialidad (un usuario no quiere otros personas para saber cómo, dónde y cuándo se realizaron ciertas transacciones).

En caso de que no lo haya formulado lo suficientemente claro, echemos un vistazo a los ejemplos.

Cuando desarrollamos Triggmine, una plataforma de automatización de mercadeo descentralizada, sabíamos que queríamos usar blockchain porque teníamos habilidades y recursos.

Sin embargo, quedó claro como luz de día que aplicar blockchain solo por el hecho de que es un no ir...

Supervisamos el mercado y encontramos un nicho perfecto: las pymes que desean automatizar el marketing sin revelar sus datos a terceros (y, por lo tanto, garantizar el cumplimiento de GDPR).

La velocidad de las transacciones es crucial.

Si necesita procesar una gran cantidad de transacciones en un período de tiempo limitado, mejor vaya al sistema de pago tradicional.

La velocidad no es la característica principal de la blockchain; sin embargo, no hay garantía de que la situación no mejore en el futuro.

Si empiezas muy dentro del presupuesto.

En primer lugar, recomiendo publicar un MVP sin blockchain para probar una idea y un público objetivo.

Si no puede encontrar clientes en primer lugar, no tiene sentido invertir en el desarrollo de blockchain (es realmente costoso y requiere mucho tiempo).

¿Qué nuevos tipos de negocios surgirían si se adoptase ampliamente la tecnología blockchain?

En ese supuesto...

No habrá más aplicaciones normales con un servidor.

En su lugar, solo habrá Dapps con backends descentralizados y, si no eres un Dapps, sino una aplicación, te encontrarás con un escepticismo por el que aún quieres estar centralizado.

Los bancos ya no existen o son solo una sombra de lo que solían ser.

Los bancos que se han integrado con las compañías de blockchain son los únicos que han sobrevivido.

Los ISP ya no existirán, pero son reemplazados por el internet descentralizado.

La votación no se realizará a través de máquinas de votación intransparentes e inseguras, sino a través de la cadena de bloques.

Podrás pagarle a alguien dinero en cualquier lugar de la tierra, en cualquier momento, al instante, sin costo.

La brecha salarial se reducirá mediante la eliminación de los bancos y, por ende, la centralización de la riqueza a través de los banqueros de inversión.

Ya no mostrarás tu pasaporte cuando viajes, porque la identificación de seguridad ahora está a cargo de la cadena de bloques.

Aquí hay cinco cosas más muy interesantes sobre las criptomonedas que la mayoría de las personas no conocen.

Nasdaq, la bolsa de valores más grande de EE. UU.

Y Stuttgarter Börse, las bolsas de valores europeas más grandes, ambas con un volumen diario de 100billones de dólares...

Pronto ofrecerán criptomonedas.

Los movimientos de precios en los próximos meses podrían ser muy, muy interesantes.

Del volumen diario criptográfico actual el 90% se sospecha que se trata de un comercio de lavado, por lo que es probable que en realidad solo sea 1 billón del volumen de transacciones en criptografía.

Alguien que podría tomar el control de Bitmain, una empresa china, donde es probable que la seguridad no sea tan fuerte, podría apoderarse de la cadena de bloques de Bitcoin y robar cientos de millones de dólares a través de un ataque de doble gasto, porque Bitcoin está extremadamente centralizado.

El único factor que actualmente protege a Bitcoin es el social.

Esto es cero seguridad en la seguridad informática. Para atacar a Bitcoin, solo se necesita un interno malicioso con alguna habilidad para hacerse cargo de Bitmain (ya que Bitmain ya tiene el control del 51% del poder de hashing y lanzar un ataque de doble gasto, ya sea a través de ingeniería social, chantaje, coacción, piratería. Si entrena a 10 personas para hacerse cargo de Bitmain y gasta un millón en eso, existe una gran posibilidad de que pueda lograrlo. Si eso sucede, es probable que esto también afecte al mercado si eso sucede, ya que la gente se dará cuenta de lo vulnerable que es BTC.

7 de las 10 mejores monedas probablemente desaparecerán este año.

Habrá 2-3 monedas que aumentarán su precio en un 100,000% este año.

Si invierte 1,000 dólares en una de estas monedas, será un millonario dentro de este año.

¿Cómo puedes usar las criptomoneda en la vida normal?

Vamos a hacer una lista de donde ahora puede pagar con las criptomonedas.

Esto es importante.

Ya que cuantos más lugares puedas pagar con criptografía, mejor será para la adopción.

El cambio más grande fue hace un mes, donde puedes pagar ahora en 2.7 millones de tiendas en línea.

Además, estas empresas también ofrecen pagos criptográficos ahora.

Overstock.com

Overstock fue el primer minorista en línea en comenzar a aceptar bitcoins en enero de 2014.

La compañía permite a sus clientes pagar por todo, desde computadoras portátiles y televisores hasta almohadas y otomanos con bitcoins.

De hecho, permite a los clientes utilizar todas las principales criptomonedas.

Para usar una criptomoneda en Overstock, al finalizar la compra simplemente seleccione su moneda preferida para completar su compra.

El sistema de pago convertirá la moneda en bitcoins y finalizará la compra.

Expedia

Expedia es una de las agencias de reservas de viajes más grandes del mundo y desde junio de 2014 los usuarios han tenido la opción de pagar con bitcoins.

eGifter

Es un sitio popular de tarjetas de regalo y una aplicación móvil que permite a los usuarios comprar tarjetas de regalo para todo tipo de lugares, incluyendo Amazon, JCPenny, Sephora, Home Depot, Kohl's y más.

Newegg Electronic acepta bitcoin.

Shopify es una plataforma de comercio electrónico que permite a los comerciantes crear sus propias tiendas en línea para vender sus productos similares a Etsy o eBay.

El proveedor de servicios de televisión e Internet satelital **Dish Network** aceptó su primer pago de bitcoin en agosto de 2014.

Dish es una de las compañías más grandes hasta el momento en adoptar cualquier tipo de criptomoneda, y también el primer proveedor de televisión por suscripción que lo hace.

Roadway Moving Company se convirtió en la primera compañía en mudanza en aceptar Bitcoin como una forma válida de pago por parte de los clientes.

PizzaForCoins

Una vez que este sitio verifique que tiene una pizzería (Dominos, Pizza Hut o Papa John's) que está cerca de su ubicación, puede pedir su pizza y pagarla con moneda digital.

Aunque no son establecimientos minoristas importantes, hay miles de pequeñas empresas en todo el mundo que aceptan pagos en criptomoneda.

Una forma de averiguar si alguno de esos comerciantes más pequeños se encuentra cerca de su ubicación es ver el mapa de monedas 2.0.

Allí puede ver una vista de mapa local o mundial que muestra la ubicación de los comerciantes que toman criptomonedas como pago.

Conclusión

¿Por qué la INTEROPERABILIDAD es importante para el futuro de Blockchain?

La interoperabilidad es la capacidad de compartir libremente información a través de sistemas de blockchain.

En un entorno totalmente interoperable, si un usuario de otra cadena de bloques le envía algo a su cadena de bloques, podrá leerlo, comprenderlo e interactuar fácilmente con él o responderle con poco esfuerzo.

Los proyectos que desean implementar la interoperabilidad en su sistema apuntan a crear una plataforma que permita que varias cadenas de bloques se comuniquen fácilmente entre sí, sin la necesidad de un intermediario externo.

¿Cómo puede blockchain cambiar el periodismo?

Puede permitir que los nodos verifiquen los artículos de noticias precisos.

Sólo aquellos que lo harán en el blockchain.

Las noticias falsas y los artículos con "hechos alternativos" no se incluirán en la cadena de bloques.

Esto sería un sello de aprobación por así decirlo.

Un blockchain que se aceptaría como un sello de aprobación creíble podría ser muy valioso, porque entonces cada artículo sin su sello de aprobación no se tomaría en serio o incluso podría recibir una penalización al otorgarle menos viralidad por parte de los algoritmos de Facebook, Twitter y Google.

Si aún no tiene el sello de aprobación.

De esa manera, todas las fuentes de noticias creíbles buscarían ese sello de aprobación y pagarlo.

Todo un interesante modelo de negocio.

¿Cómo se mide la descentralización en las Criptomonedas?

Esto es bastante simple, se puede medir la descentralización de cualquier blockchain en tan solo cinco minutos.

Hay solo 4 factores que necesitas probar.

Por el alto número de nodos de votación.

Bitcoin tiene 10,000 nodos, Ethereum 9,000.

Esta es una buena descentralización.

Aún no es una descentralización excelente, pero es buena.

1.000 nodos está bien, pero no es nada del otro mundo.

Tener solo unos pocos cientos de nodos no se puede llamar descentralizado, es como la descentralización de un jardín de infantes.

Ahora ves por qué con solo unas pocas docenas de nodos o incluso 100 nodos no es descentralización en absoluto.

Falta de permiso y falta de confianza.

En todas las redes autorizadas y de confianza los nodos deben confiar entre sí antes de poder votar.

Esto hace que el proceso de decisión y por lo tanto TPS sean mucho más rápidos, pero lo hace mucho menos descentralizada y menos seguro.

Ahora, si se toma Bitcoin cómo referencia, ningún nodo sabe que los otros nodos son y verificar las transacciones de una manera sin esperanzas.

Así es como debe de funcionar.

Ningún nodo puede convencer a otros nodos para que formen cárteles o hagan trucos porque no hay información de identificación. La ausencia de permisos significa que no hay ninguna compañía o grupo que decida quién puede convertirse en un nodo de votación.

No hay piscinas mineras o de estacas.

Todas las monedas de Prueba de Trabajo tienen piscinas mineras.

Esto concentra el 45% del poder de voto dentro de Bitmain.

Esto significa que un atacante simplemente necesita obtener el control de Bitmain durante unos minutos y luego obtener el 5% del poder de voto en otro lugar, por lo que toda la seguridad de Bitcoin y todas las demás monedas de PoW está en manos de una escasa empresa china y cómo están asegurados contra todo tipo de ataques.

Esta es una seguridad horrible.

Por ejemplo, un atacante puede alquilar el 5% de todo el poder de hash del efectivo de Bitcoin por 10.000 dólares una hora completa.

La distribución debe ser uniforme de la oferta

Hay dos razones por las que una distribución uniforme de una criptomoneda es importante.

En primer lugar, en las cadenas de bloques de PoS, Prueba de Estaca.

donde la cantidad de monedas que posee le da más poder de voto, es el factor más importante.

Por ejemplo, si una fundación criptográfica posee el 90% de la oferta circulante, puede decidir qué transacciones son válidas y cuáles no, ya que poseen el 90% del poder de voto y solo necesita el 51% para controlar completamente la cadena de bloques.

En segundo lugar, si el poder de voto no está determinado por la cantidad de monedas que tienes como en cadenas de bloques no posadas y no PoS, otorga a las personas que poseen una gran cantidad de la criptomoneda una gran cantidad de poder para manipular el precio, ya que pueden simplemente vender una gran cantidad de monedas y por lo tanto, descargar el precio y luego comprar nuevamente.

Esta es la centralización y aumenta la volatilidad, lo que es bastante malo para una criptomoneda y reduce la viabilidad como moneda.

Si cualquiera de estos factores no se cumple, entonces la criptomoneda es muy centralizada.

Curiosamente, la mayoría de las criptomonedas fallan en tres de estos factores porque están autorizados, solo tienen entre 20 y 50 nodos de votación, más del 50% del suministro controlado por 1 entidad.

Lo único que no tienen es la minería.

Todas las monedas de PoW también fallan en la distribución uniforme del suministro y la centralización de la agrupación minera pero tienen falta de permisos y falta de confianza y una gran cantidad de nodos.

Todas las monedas de PoS también fallan en la distribución uniforme del suministro pero tienen falta de permisos y falta de confianza y una gran cantidad de nodos, y no hay grupos de minería o estacas.

¿Hay algún blockchains público significativo que no use Prueba de trabajo?

Sí, hay muchos, aunque solo unos pocos son realmente buenos.

Los mas comunes son:

La prueba de trabajo, otorga poder de voto a las personas con mayor poder de hashing.

El problema con PoW es que conduce a la centralización de los mineros en grupos de minería, lo que le da a Bitcoin un punto único de falla, ya que una sola compañía ya casi posee el 50% del poder de hash (Bitmain), lo que anula todo el propósito.

Proof of Stake, otorga poder de voto a las personas que poseen la mayor cantidad de monedas.Sin embargo, esto también conduce a la centralización, porque entonces las entidades más ricas tendrán el mayor poder de voto, como multimillonarios, bancos, grandes empresas y el gobierno, también derrotando el propósito.

dPoS elige nodos que funcionaron bien en el pasado.

El inconveniente es que el número de nodos elegidos es muy pequeño y el mecanismo de votación puede ser manipulado

Prueba de Importancia.

Prueba de devoción.

Prueba de autoridad.

Tolerancia a fallas.

Prueba de Estaca y Confianza.

Tolerancia a fallas bizantinas.

Sin embargo, esos son todos muy centralizados.

Las arquitecturas de blockchain más descentralizadas son:

Tangle que otorga poder de voto a los nodos que envían una transacción ellos mismos

Cadenas laterales.

Arquitectura centrada en el agente.

PoW con Sharding.

Block Lattice, otorga poder de voto a los nodos que envían una transacción ellos mismos

PoS / PoW híbrido, un híbrido con lo mejor de ambos mundos.

¿Existen otros métodos utilizados para asegurar las criptomonedas además de la Prueba de trabajo (POW) y la Prueba de estaca (POS)?

Sí, y actualmente hay 15 arquitecturas diferentes para asegurar las criptomonedas solo en las 100 principales.

Esta seguridad se logra a través de una combinación de algoritmos de consenso y arquitecturas de cadena de bloques.

Las mejores arquitecturas tienen las siguientes características.

Transacciones instantáneas.

Cuotas Cero.

Escalabilidad casi infinita y descentralización casi infinita a través de escala lateral / fuera de cadena / horizontal.

Eso significa que pueden escalar a millones y miles de millones de transacciones por segundo (TPS) sin perder ninguna descentralización

La falta de permiso y la falta de confianza.

Entonces,¿Por qué no funciona la prueba delegada de estaca?

Porque los CEOs de blockchains que tienen dPoS no tienen idea de lo que están haciendo.

Son demasiado confiados a pesar de que no tienen ni idea de la informática y que saben más sobre blockchain que sus desarrolladores de software que han estudiado informática durante media década.

Echemos un vistazo a la dPoS.

La mejor descentralización en una cadena de bloques es cuando todos los nodos tienen el mismo poder de voto, por lo que tiene 10,000 nodos.

Sin embargo, solo puedes lograr 20 TPS con este diseño.

Entonces, un par de tipos inteligentes pensaron por qué no otorgar poder de voto a las personas que tienen más monedas, porque son las más confiables, ya que sufrirían más de un ataque del 51%, por lo que tienen el menor beneficio en ayudar a tales un ataque.

Esto también hace que la red sea más rápida a alrededor de 5,000 TPS ya que solo necesita de 20 a 50 de los nodos más grandes para verificar las transacciones.

Sin embargo, esto omite completamente el hecho de que esos nodos pueden ser pirateados y usarse para lanzar un ataque del 51%.

Luego, algunos chicos más inteligentes pensaron que incluso puede reducir el número de nodos a 21 y permitir que sean elegidos por todos los demás nodos, lo que requiere KYC y divulgar públicamente quiénes son (esto se llama ser autorizado y confiable) y obtener a 20,000 TPS con eso.

Ser autorizado y confiable no funciona, porque los nodos comienzan a comunicarse entre sí, hacen tratos y forman carteles.

Esto siempre sucede y ha sucedido varias veces...

Lo que no entienden es que la escalabilidad no vale nada si no puede mantener una excelente descentralización, porque puede usar un servidor web de Amazon centralizado con 1 millón de TPS si su cadena de bloques está centralizada de todos modos.

Hay algunas soluciones de dPoS que no son tan malas, pero tampoco son muy buenas.

¿Cuáles son las limitaciones y ventajas de un gobierno centralizado, el sistema bancario y la economía?

Hay tres grandes desventajas que son:

Una toma de decisiones lenta, porque no hay una forma estándar de tomar decisiones.

Las decisiones se basan en opiniones y sentimientos más que en hechos y en un proceso de toma de decisiones intransparente, ya que las decisiones son tan buenas como las personas y los principales responsables de la toma de decisiones en un banco o economía.

En el proceso de toma de decisiones intransparentes, los intermediarios sacan el dinero en sus bolsillos a través de pequeños tratos, la corrupción y dan a sus amigos grandes contratos y beneficios.

Con una forma descentralizada y estandarizada como a través de un blockchain.

La toma de decisiones sería diez veces más rápida, ya que todos los tomadores de decisiones, los hechos son públicos y accesibles para todos

Las decisiones serían mucho menos basadas en opiniones y sentimientos, ya que todos tienen acceso a la información y la información es discutida por todos los involucrados y no solo por unas pocas personas.

Esto hace que sea mucho más difícil sacar dinero en el proceso.

¿Por qué están centralizadas tantas blockchains?

Parece una locura, pero hay una combinación de tres razones.

Sus fundadores son:

No lo suficientemente inteligentes.

Simplemente no entienden cuál es el punto principal de blockchain o por qué es importante.

No entienden la verdadera profundidad de blockchain.

Son hombres de negocios que hacen las cosas rápidamente y que solo quieren hacer dinero rápido.

Son demasiado impacientes.

Tienen esta idea para un nuevo tipo de blockchain y necesitan hacerlo.

Luego obtienen miles de millones de dólares de financiación.

Si quieres inventar una tecnología que cambia el mundo, necesitas tener tu deseo de validación bajo control.

Necesitas tener humildad.

Necesitas poder controlarlo y no confiar en ti mismo.

Esa es la señal de un verdadero líder y solo muy pocos líderes tienen eso.

Contar con un ego enorme.

Si ya eres multimillonario.

Convertirse en un multimillonario te puede volver loco.

Crees que eres el mejor del mundo y crees que eres un genio extremo y crees que todo lo que haces es genial.

Dejas de mirarte críticamente e incluso cuestionas tus pensamientos una vez.

Es por eso que puedes convertir una cadena de bloques en la más descuidada y jamás desarrollada con escándalos y formación de cartel.

Ya hemos dicho que la descentralización es el aspecto más importante de un blockchain.

No tiene sentido usar su blockchain y también podrían usar un servidor para su transacción sin ninguna diferencia en la seguridad.

Los blockchains con grandísima descentralización están diseñados para ser controlados por al menos millones de nodos y, obviamente, también carecen de permisos y de confianza.

¿Blockchain 4.0 con la inteligencia artificial?

Bitcoin fue una blockchain de primera generación, Ethereum fue la segunda generación.

Desde el año pasado, hemos visto las primeras blockchains de tercera generación.

Esas son blockchains que ya no son blockchains, pero que tienen un diseño avanzado.

Las blockchains de primera generación son simples blockchains de prueba de trabajo por consenso.

Estas fueron blockchains, donde los nodos que hacen el mayor trabajo a través del poder de hash, tenían el mayor poder de voto y donde el único propósito de blockchain era ser un procesador de pagos.

Las cadenas de segunda generación son cadenas de bloques de Prueba de trabajo que tienen más funciones que simplemente ser un procesador de pagos.

Se trataba de blockchains que permitían lanzar contratos inteligentes, lanzar ICO y ejecutar dapps en su plataforma.

A veces, las cadenas de bloques de segunda generación tienen algunas modificaciones leves al consenso de Prueba de trabajo.

Sin embargo, el problema de las cadenas de bloques de primera y segunda generación es que no son escalables en absoluto, toman horas para confirmar las transacciones, están muy centralizados a través de minin pools, tienen tarifas y consumen mucha energía.

Las blockchains de tercera generación son blockchains que ya ni siquiera son blockchains en un sentido práctico, lo que les permite ir más allá de las restricciones antes mencionadas que trae la arquitectura común de blockchain.

Por lo tanto, las blockchains de tercera generación son arquitecturas de software descentralizadas que permiten una escalabilidad casi infinita, tienen transacciones instantáneas, descentralización casi infinita, no cobran tarifas y solo utilizan un millón de la energía de Bitcoin.

También hay algunos más que se llaman a sí mismos blockchains de tercera generación, sin embargo, en realidad son más de un blockchain de segunda generación.

No está del todo claro qué son las blockchains de cuarta generación.

Hacen que la escalabilidad y la carga de transacciones en la cadena de bloques sean más eficientes debido a los algoritmos de AI(Inteligencia Artificial) aparentemente.

Así que, posiblemente, son blockchains de tercera generación con muchas mejoras a través de la tecnología AI.

Sin embargo, también podría resultar que las blockchains de la AI no hagan nada revolucionario, por lo que podrían no convertirse en blockchain 4.0.

Después, todo es un poco prematuro.

Tomó cerca de cuatro años para que las blockchains de segunda generación se desarrollaran con Ethereum en 2015 y tomó tres años para que las blockchains de tercera generación se desarrollaran a mediados de 2017.

Entonces, si ya tuviéramos blockchain 4.0 ahora, solo habría tomado un año, lo cual es un poco prematuro.

Démosle algo de tiempo...

Lleva el poder de las personas grandes a las personas pequeñas y lo hace en casi cualquier aspecto de la vida.

Déjame darte algunos ejemplos.

Es un procesador de dinero descentralizado, es decir, no hay una autoridad central que controle los flujos monetarios.

Este es un problema muy difícil de resolver y ha sido resuelto por la cadena de bloques. Esto hace que los bancos sean inútiles y le devuelve el poder a la gente.

El uso de Blockchain como procesador de pagos como Bitcoin brinda estas tres ventajas:

Inmunidad a la coerción, el chantaje, el abuso, el fraude, porque la cadena de bloques no está controlada por una sola entidad, sino por una red distribuida de miles o millones de entidades

Transacciones monetarias instantáneas, también en el extranjero, en lugar de transferencias bancarias que llevan días y bancos que sacan dinero

Reduciendo la brecha salarial, porque las personas ricas ya no pueden quitarle dinero a los pobres a través de la banca.

Ya no hay hombre medio.

Otras aplicaciones de la blockchain que han salido recientemente son

Una internet completamente descentralizada, donde los ISP ya no son necesarios.

Almacenamiento descentralizado.

Esto compite directamente con Google Drive y Dropbox, pero ya no hay centros de datos centrales.

En cambio, los datos se cortan en 1,000 partes, se cifran y se almacenan en miles de computadoras personales

Identificación de seguridad

Votar a través de la cadena de bloques para hacer las elecciones a prueba de manipulaciones e inmutables

Por lo tanto, hay tecnologías emocionantes que surgen con el blockchain y cambian por completo el mundo en el que vivimos, hacen que el fraude sea mucho más difícil, hacen que nuestro mundo sea más seguro, más eficiente, más rápido, sin complicaciones y más confiable.

¿Cuál es la verdad brutal sobre la tecnología blockchain?

Aquí hay diez verdades brutales y no tan bonitas desde lo más alto de mi cabeza que casi nadie conoce.

De las 902 ICO (Oferta Inicial de Criptomoneda) de criptomoneda que se formaron en 2017, 142 fallaron antes de recaudar fondos y 276 fallaron después de la recaudación de fondos.

Otros 113 ICO se encuentran en la categoría de "semi-fallidos", ya sea porque la empresa respectiva dejó de comunicarse en las redes sociales, o la comunidad disminuyó hasta el punto en que prácticamente no tiene posibilidades de éxito.

Tire esas cifras a la pila y la tasa de fallas aumenta a 59 por ciento.

Esas cifras combinadas se resuelven a una tasa de fallas del 46 por ciento, a pesar de recaudar más de 104 millones.

Los ICO de criptomoneda tienen una tasa de fallas espectacularmente alta

Solo 50 de 902 ICO en 2017 hicieron un retorno de 5x o más.

800 de cada 1,600 monedas o fichas ya están muertas.

7 de las 10 monedas principales probablemente morirán este año, pero aún así engañan a sus inversionistas de que son una gran moneda.

La mayoría de las nuevas monedas que salen con topes de mercado en los miles de millones de dólares acaparan el dinero de los inversionistas al decir que tienen una escalabilidad tan alta, sin embargo, nadie se da cuenta de que todas tienen el alto costo de la descentralización y, por lo tanto, son inútiles porque son extremadamente centralizados.

El robo criptográfico es rampante.

Se robaron $ 673 millones en hacks criptográficos en 2018 , con 9 millones robados todos los días.

Esto se debe a que es mucho más fácil robar criptografía que los fondos bancarios, ya que la seguridad aún no está tan madura.

Los inversionistas novatos siempre compran durante el apogeo de una corrida alcista, por lo que compran al alza casi en la cima.

Unas semanas más tarde, el mercado se ha desplomado y todos han perdido el 70% de su dinero.

Los novatos nunca compran cuando el mercado está en baja, como en la actualidad.

Compran caro y venden bajo.

Por lo tanto, para cada inversor encriptado con experiencia, hay varios inversionistas novatos de los que el inversionista con experiencia se beneficia.

El mercado está controlado casi en su totalidad por las ballenas.

Son dueños del 40% de todos los Bitcoins, por un total de 70 billones de dólares.

Si lo desean, pueden aumentar la capitalización de mercado de Bitcoin de 100 billones a trillón en un abrir y cerrar de ojos.

Sin embargo, esperan los ciclos naturales del mercado y luego los bombean.

Es extremadamente difícil detectar algoritmos de consenso defectuosos y los problemas de centralización.

Una persona sin una formación profunda en informática y una formación profunda en negocios, mucha formación para eliminar los prejuicios personales, casi no tiene oportunidad de detectar monedas que engañan a los inversores.

El mercado criptográfico está plagado de tribalismo.

¿Qué tecnologías de blockchain crees que tienen el mayor potencial y por qué?

Las mejores aplicaciones de la cadena de bloques se encuentran en industrias controladas por instituciones muy grandes y corruptas que hacen que la industria sea muy ineficiente.

La mayoría de ellos también son utilizados por empresas y personas en el mundo real.

Esta lista está ordenada por potencial de mayor a menor.

La industria de la salud.

Es una de las industrias más grandes, pero es extremadamente ineficiente sin estándares.

Creo que el blockchain podría hacer mucho bien aquí.

Este sistema es fácil de estandarizar y descentralizar.

La tecnología Blockchain ayudaría a salvar vidas y reducir el costo creciente de la atención médica.

Una Internet completamente descentralizada, donde los ISP ya no son necesarios.

Bienes raíces.

Al igual que en la industria del entretenimiento, los bienes raíces son muy, muy grandes, pero también están controlados por algunos grandes jugadores y se trata mucho de a quién conoces.

Esto también puede ser democratizado con el blockchain.

Fondos de la pensión.

Esta industria es probablemente la más grande de todas y es extremadamente opaca y esto hace que desaparezcan billones de dólares y caigan en los bolsillos de los "facilitadores" (Akropolis)

Energía.

La energía es muy grande y muy propensa a la formación de carteles.

Aquí es donde la compra descentralizada de electricidad elimina muchas ineficiencias y previene el fraude.

Préstamo.

Todavía no hay muchos préstamos en criptografía, aunque puede ser uno de los mercados más grandes, ya que los préstamos son toda la razón de ser de los bancos.

Identificación de seguridad.

Para que ya no muestres tu pasaporte cuando viajas, porque la cadena de bloqueo maneja toda la identificación de seguridad.

Almacenamiento descentralizado.

Esto compite directamente con Google Drive y Dropbox para individuos, pero lo que es más importante con todo tipo de servidores de datos, por ejemplo, todo lo que se ejecuta en los servidores de Amazon se puede ejecutar de forma descentralizada, no en centros de datos, sino que se distribuye en millones de dispositivos.

Votación.

Bueno, hay una gran cantidad de intromisiones y elecciones falsas en muchos países, por lo que el blockchain puede evitarlo por completo y tendría un gran impacto en la vida de todos.

Entretenimiento.

La industria del entretenimiento es enorme y está controlada por unos pocos magnates.

Todo esto puede ser democratizado y descentralizado.

Redes sociales.

Actualmente, es muy difícil para los creadores de contenido monetizar adecuadamente su contenido.

Esto se hace mucho más fácil con blockchain y más justo sin la participación de una entidad centralizada como Facebook o Google que controla el contenido.

Juego de azar.

Hay mucho fraude en los juegos.

Ya no con el blockchain.

Adultos.

La industria para adultos es un paraíso para los estafadores y el malware.

El blockchain puede evitar eso.

Los adultos son una de las industrias más grandes del mundo y el vehículo más importante para decidir por las nuevas tecnologías (HD-DVD vs. Blue Ray), hay un gran potencial.

Juego.

La industria del juego es muy estafa, similar a la industria adulta.

Con estándares y cadenas de bloques descentralizadas, todo esto se puede prevenir.

Entonces, esta es mi lista de las aplicaciones de blockchain más potentes clasificadas por su potencia y utilidad.

Curiosamente, las tres industrias principales aún no están atendidas, solo por pequeñas criptomonedas que aún no han tenido tanta popularidad.

Creo que la razón de esto es que la industria es tan enorme y está profundamente controlada por los ricos y poderosos, y muy política, por lo que la criptomoneda llevará mucho tiempo para tener un impacto aquí, mientras que probablemente vaya mucho más rápido en las clasificado más bajo (adultos, juegos de azar, venta de entradas).

Parece que el top siete tiene el mayor potencial, pero tomará más tiempo mientras que el séptimo inferior tiene un mercado más pequeño, pero tendrá un impacto mucho más rápido.

Algunos de estos blockchain ya han encontrado uso y podemos esperar que algunos de ellos se conviertan en el estándar mundial en varias industrias.

¿Qué errores comunes cometen las personas al invertir en criptomoneda?

Mi consejo es comprar monedas en el top 10 a menos que haya investigado mucho y conservar estas monedas por un mínimo de dos años preferiblemente cinco, a menos que haya acreedores llamando a su puerta.

Las ICO son emocionantes, y una moneda, cuando se lanza, puede triplicarse o cuadruplicarse rápidamente en un período de un mes.

A menos que tenga experiencia, estos incrementos iniciales en el valor terminarán rápidamente (bombear y volcar) y de repente podrá encontrar una bolsa de monedas que nadie quiere comprar.

Si eso sucede, no vendas.

Tómelo en la barbilla y manténgalo durante dos años antes de vender.

El trading diario solo es recomendable para los experimentados.

Los intercambios cobran tarifas por compras y ventas y estos costos pueden igualar las ganancias.

No es recomendable a menos que tenga mucha experiencia, tenga sangre fría y esté contento de vivir al filo de la navaja.

Ir con todo en una moneda.

En mi opinión, la diversificación es la clave.

Un mínimo de, digamos, cinco criptos, realizados durante al menos dos años.

Comprado sin tomar un préstamo o tarjeta de crédito.

Nunca inviertas más de lo que puedes perder.

Si te levantas un día y todo se ha ido, tienes que poder irte sin buscar el edificio más cercano para saltar.

Lamentablemente, esto ha sucedido más de una vez.

Haga su propia investigación, luego compre los rumores y venda las noticias.

Si no estás interesado en la investigación, compra entre los diez mejores y siéntate en ellos durante dos años.

Almacenamiento de monedas en línea.

Se trata de los argumentos a favor y en contra del almacenamiento de billetera fría.

Hay argumentos para nunca dejar tus tokens en los intercambios.

Personalmente, creo que la tenencia fuera de línea (uso de Ledger Wallet) es el método ideal.

Esto coloca toda su ficha en una memoria USB que puede guardarse en un cajón para calcetines, caja de seguridad, sala de pánico, colchón o caja de banco donde los hackers no pueden acceder a ella.

Pero no es infalible.

Las personas se mudan de casa, se divorcian, tienen hijos curiosos u olvidan sus pines y códigos de acceso de 24 palabras.

Mi preferencia es mantener las monedas en línea y distribuidas a través de una serie de intercambios de buena reputación.

Cinco monedas en cinco intercambios diferentes

Mi lógica es que no confío en mí mismo para recordar dónde puse las carteras del libro mayor (tengo dos de ellas recogiendo polvo en algún lugar), o que mi casa puede incendiarse.

Habiendo dicho esto, la gran mayoría de los poseedores de criptografía van para almacenamiento en frío (carteras).

Compra alto, vende bajo.

La tragedia ocurre a corto plazo cuando compra Bitcoin por 17.000 dólares, luego observe cómo su precio baja a 6k.

La mayoría de estos inversionistas inexpertos retiraron sus pérdidas.

Si hubieran sido pacientes, hubieran esperado hasta el 2020 y esperaban obtener algún beneficio.

Espere caídas en los precios.

Precio de reloj versus volumen (un indicador de movimientos significativos de precios).

En caso de duda, esperar otro día.

Aprenda de sus errores, no solo por estudiar.

Como dicen, no hay piel, no hay victoria.

Quienes se quejan del margen no son los que hacen el trabajo en el campo.

Invierte o no, pero no te arrepientas de tus errores.

Con mucho, la mayor culpa de los inversores es no mantener a largo plazo.

Las ballenas (las que tienen más de 1,000 BTC) no se retiraron cuando BTC alcanzó los 17,000 dólares.

Muchos de ellos todavía están aguantando.

Esto ejemplifica la increíble confianza que tienen en BTC como una alternativa a largo plazo a los dólares fiduciarios centralizados y manipulados.

Nunca inviertas más de lo que puedes pagar, y solo es una pérdida cuando vendes las monedas.

Espera, luego espera un poco más.

Se necesita un poco de fe.

¿Por qué la gente tiene miedo de adoptar blockchain?

Porque el 90% de las personas siempre tienen miedo de las cosas nuevas.

Nuestro mundo, tal como lo conocemos, fue creado por el 10% de las personas que tienen sed de conocimiento y hacen cosas nuevas, los rebeldes, los inadaptados.

Sin embargo, no todos podemos ser el 10% de las personas que corren y hacen la locura, la humanidad necesita el 90% para mantener la estructura, de lo contrario no tendríamos que construir una sociedad tan estable como la actual.

Esta es una proporción saludable.

Porque la mayoría de las personas, especialmente los poderosos, dependen del hombre medio o SON el hombre medio.

Ellos son los que toman las decisiones e intentarán mantener alejado al removedor del intermediario el mayor tiempo posible (excepto entre el 10% de los rebeldes, o tal vez solo el 5% porque los intermediarios son menos rebeldes que las personas normales)

Porque todavía no está probada la tecnología.

Ninguna blockchain realmente ha demostrado ser increíblemente escalable.

Pocas compañías usarían una tecnología que aún no está madura.

Porque nadie entiende blockchain.

Su complejidad está al nivel de la astronomía y quizás de la física cuántica, pero no porque sea tan técnica.

Tiene tantos componentes no técnicos que hace que sea muy difícil de entender para los técnicos, y tiene tantos componentes técnicos que dificulta la comprensión de los no técnicos.

Es por eso que blockchain es tan único y singularmente complejo.

¿Cuáles son los riesgos más severos, al invertir en Criptomoneda?

Realmente no hay riesgos si sigues la regla número uno en criptografía.

No inviertas más de lo que puedes permitirte perder.

¿Inviertes 1,000 dólares y lo pierdes todo?

Entonces, ¿qué? Volverás en un mes o dos.

El problema surge cuando inviertes 50,000 dólares cuando todos sus ahorros son de 50,000, porque entonces se muestra muy emocionado y realiza malas operaciones y, si el mercado fracasa, puede perder mucho, incluso si no realiza transacciones.

Si invierte 50,000, cuando tiene 500,000 en ahorros, no importa si realmente lo pierde todo.

Es molesto, pero y qué.

Por eso nunca debe invertir más del 10% de su salario y el 30% de sus ahorros totales.

Este es el máximo que se puede perder.

¿Quién debería invertir en monedas criptográficas y quién no?

No se trata de quién debe y quién no, sino cuánto.

Permítanme decir primero, no importa qué, siempre es inteligente tener entre 1,000 y 2,000 dólares en criptografía.

¿Se estrellará todo y llegará a cero?

Incluso si lo hace, solo pierde 1,000 o 2,000, ese es su riesgo máximo.

Si no falla, 1,000 ya te llevarán bastante lejos.

Más específicamente, es más probable que le dé una ganancia de 17,000, no está mal.

¿Por qué?

Debido a que la última corrida de toros (periodo alcista) corrió, tuvieron una tasa de retorno promedio de 1,700%.

Echa un vistazo a las últimas corridas de toros.

9x más de cinco días en 2010 desde $ 0.008- $ 0.08

10 veces más de cinco meses en 2010 desde $ 0.08- $ 1

40x más de dos meses en 2011 desde $ 0.07- $ 30

14x más de tres meses en 2013 de $ 15- $ 213

12 veces más de dos meses en 2013 de $ 139 a $ 1132

20x más de siete meses en 2018 de $ 1,000 a $ 19,800

Cada vez que hubo una carrera alcista de 17x con una corrección del 70% en promedio, volverá a suceder.

Ahora bien, ¿Quieres invertir más de $ 1,000?

En general, es razonable invertir el 10% de su salario anual y el 10% de sus ahorros totales.

Seamos más específicos y sigamos mis consejos.

Si gana menos de 50,000 al año y no tiene ahorros, puede invertir 1,000 a 2,000 dólares.

Sería molesto si todo bajara a cero, pero para muchas personas un retorno de 17x es la única forma de salir de la pobreza.

Entonces, 1,000- 2,000 sería razonable.

Si gana 50,000 por año y no tiene otros ahorros, es razonable que invierta entre 3,000 y 5,000, ya que puede recuperarlos en un año si todo va a cero.

Si gana 50,000 por año y tiene 50,000 en ahorros, puede invertir de manera segura el 10% de su salario y el 10% de sus ahorros, lo que hace un total de 10,000 con un rendimiento potencial de 170,000 dólares.

No está mal.

Si gana 100,000 por año, no tiene ahorros, también puede invertir 10,000.

Esto es razonable, porque puede recuperar fácilmente una posible pérdida de 10,000 en un año.

Si gana 100,000 por año y tiene 50,000 en ahorros, puede obtener más audaces.

Puede invertir el 10% de su salario y el 20% de sus ahorros, ya que tiene un trabajo realmente bueno y hay muy poco riesgo de caer en la pobreza.

En total, puedes invertir 20,000 dólares.

Si gana 100,000 por año y tiene 100,000 en ahorros.

Puede invertir el 10% de su salario y el 30% de sus ahorros, ya que tiene un trabajo realmente bueno, muy buenos ahorros y hay muy poco riesgo de caer en la pobreza.

En total, puedes invertir 40,000 dólares.

Esta relación se mantiene igual para más ahorros.

Si gana 100,000 por año y tiene 300,000 en ahorros, puede obtener aún más.

Puede invertir el 10% de su salario y el 30% de sus ahorros, totalizando 110,000.

Por supuesto, también podría invertir el 50% de sus ahorros por un total de 160,000, pero en este punto la relación riesgo-recompensa no se vuelve mucho más positiva con más dinero invertido.

Obtienes rendimientos decrecientes.

Tomando el beneficio promedio de 1,700% por corrida de toros.

110,000 ya te darían 1.81Millones de Dólares.

Sí, puede invertir 160,000 y obtener un posible retorno de 2.7M, pero qué cambios cambiará entre 1.81M y 2.7M.

Puedes comprar un apartamento aún más grande o un tercer coche.

Pero en este punto esto es una simplemente gula y ya no es saludable.

Hay tantos riesgos de perder su inversión de criptografía, a través del robo, el olvido de contraseñas, trucos, hacer mal margen de comercio, volverse demasiado codicioso solo una vez, noticias estúpidas que rompen el mercado, no vale la pena correr el riesgo adicional.

Conclusión

En total, puede invertir el 10% de su salario anual en criptografía y el 10% de sus ahorros totales.

Si tiene más de $ 50,000 en ahorros, puede invertir el 20% o incluso el 30% de sus ahorros totales, pero más allá de eso simplemente obtendrá rendimientos decrecientes.

Además, una vez que la corrida de toros de Bitcoin se haya acercado a 17x, posiblemente puedas hacer otras 20x seleccionando las altcoins correctas y habrá algunas corridas de toros más por venir hasta que este mercado haya conquistado el mundo.

Hay suficiente criptografía para todos.

No pongas todos tus ahorros en ello, mantente razonable.

Con el bitcoin y la corrida altcoin bull, puede obtener rendimientos suficientes también para una pequeña inversión.

Espero que esto te dé una buena guía sobre cómo invertir tu dinero.

¡No inviertas más dinero del que puedes perder!

¿Cómo dividir su cartera de criptomonedas entre varias carteras, bolsas o libros de contabilidad por razones de seguridad?

Debe pensar, lo que es más probable, que el precio de sus monedas caiga en un 20% o que el 20% de sus monedas sean pirateadas en un exchange.

Por ejemplo, Binance nunca ha sido hackeado antes, seguro que podría suceder, pero generalmente solo afecta a una moneda de las 200 monedas que ofrece Binance.

Por lo tanto, la probabilidad de que se produzca un hackeo en Binance es muy pequeña para comenzar y, luego, la probabilidad es solo de

1/200 de que su moneda se vea afectada.

Su cuenta binance también podría ser hackeada, pero la posibilidad de que su billetera fría sea hackeada es la misma.

Entonces también podría tener una billetera de papel, pero podría perder su llave, su perro podría comérsela, su casa podría quemarse, inundarse, robarse, sus hijos la tiró, su vecino entrometido, su amigo celoso, su ex novia podría vea su llave, tome una foto de su llave privada y robe sus monedas.

Entonces, no importa lo que hagas, tus fondos siempre podrían ser robados.

Es por eso que necesita diversificar, tener algunos en su billetera fría, algunos en su billetera de papel, algunos en libros de contabilidad, algunos en intercambios y ha hecho lo mejor que pudo.

Cuando hay caídas graves. **¿Cómo las criptomonedas generan ingresos para pagar sus propios costos?**

Eso es lo interesante, que no es necesario.

Todas las criptomonedas tienen un fondo de desarrollo, que generalmente consiste en alrededor del 15% del suministro de token.

Eso vale actualmente $ 30 millones y así es como pagan a su equipo.

Por eso también pueden ofrecer todos sus servicios por un 20% más barato que los competidores no criptográficos, ya que no tienen que sacar ingresos.

Por ejemplo, BAT puede ofrecer anuncios un 20% más baratos que Google o Facebook, porque esos 2 necesitan obtener ingresos para pagar a sus empleados y financiar su investigación.

BAT puede simplemente vender 1 millón en BAT para pagar alrededor de 20 empleados y eso es todo.

¿Es una mala idea revisar su cartera de inversiones diariamente? ¿Con qué frecuencia es suficiente a menudo?

En general, sí, pero depende de su composición psicológica, la probabilidad de que esto se verifique para influir en sus decisiones de inversión.

Lo peor que puede suceder es crear un circuito de retroalimentación emocional entre cómo se está desempeñando el mercado y cómo se siente a diario, y al entrar en correcciones del mercado o mercados bajistas, si eso le obliga a hacer cosas que no debería hacer.

También depende de qué tipo de inversor o comerciante eres.

Suponiendo que está ahorrando para la jubilación y no está negociando posiciones a corto plazo (acciones u opciones), aconsejaría lo que aconsejo a mis padres (para quienes administro dinero):

Verifique sus inversiones no más de una vez al mes, cuando los estados de cuenta salga.

Para mí, tengo dos tipos de carteras:

Una cartera de negociación y una cartera de jubilación.

Me atengo a la regla de una vez al mes para la cartera de jubilación (a menos que esté involucrado en una reasignación de activos de gran tamaño).

Para mi cartera de operaciones, tengo que verificar prácticamente todo el día y estar conectado.

Sin embargo, la mayoría de las veces no tengo una cartera de operaciones, solo cuando creo que el mercado está en un punto de inflexión importante o siento que generando ingresos extra de opciones.

Prefiero el 90% del tiempo elegir mis inversiones una vez al año, mantener entre cinco y diez años (o más en algunos casos) y simplemente observar de manera irregular.

¿Deberían las universidades invertir en criptomoneda?

Definitivamente es una buena idea, considerando que Yale acaba de invertir en un fondo criptográfico de 400 millones

Esto podría valer 10 billones dentro de un año con algunas inversiones inteligentes.

¿Quieres ofrecer a tus alumnos la mejor matrícula disponible?

Luego, compra algo de criptografía y úsalo para contratar a los mejores profesores y construir los mejores campus.

Esto es especialmente útil para las universidades pequeñas, porque generalmente no pueden mantenerse al día con el presupuesto de las universidades más grandes.

Al apostar en criptomonedas y hacerlo bien, en realidad podrían.

Puede cambiar todo.

Este es realmente el caso de todas las pequeñas empresas, países emergentes.

Si ponen el 3% de su capital en criptografía, podrían cambiar por completo toda su vida con un poco de suerte.

¿Es recomendable tomar un préstamo para invertir en Bitcoin?

Solo si no llevaría más de 12 meses recuperarlo.

Entonces, si no tiene educación y solo puede trabajar en empleos de salario mínimo donde gana 1,200 dólares al mes, donde le quedarían 300 dólares al mes después de todos los costos, le tomaría un año recuperar 3,000, luego puede retirar un Préstamo por 3,000.

Conozco a algunas personas que eran absolutamente pobres como inmigrantes sin posibilidad de educación o que alguna vez tienen más de 100,000 dólares en dinero y tienen que hacer un trabajo de mierda hasta el día en que mueren.

Pusieron 5,000 dólares en criptografía en 2015 y ahora son millonarios.

Si gana 40,000 por año y puede ahorrar 10,000 en ahorros cada año, entonces puede obtener un préstamo de 10,000 y ponerlo en criptografía.

Si ganas 100,000 al año y puedes ahorrar 30,000, entonces podrías obtener un préstamo de 30,000, pero en ese momento ya no vale la pena, porque 30,000 en criptografía es suficiente.

Tener 60,000 o 30,000 es suficiente y solo aumenta el riesgo innecesariamente.

Si eres un estudiante y tienes préstamos estudiantiles, definitivamente coloca 3,000 es una apuesta razonable para que no tenga que trabajar duro durante los primeros diez años después de la universidad, sino que pueda pagar todos sus préstamos con fácilmente después de graduarse.

¿Cuál es el peor consejo que has recibido con respecto a la criptomoneda?

Estos son los tres peores consejos criptográficos que he recibido o escuchado.

HODL.

Todo el mundo gritaba HODL cuando Bitcoin tenía un valor de 20,000 y se redujo a 10,000 dólares.

Se cayó aún más lejos.

Aun así, todos gritaban HODL.

Este meme es un truco de las ballenas para vender a los novatos.

HODL es mantener tu posición.

No vender y esperar a que se recupere el precio o el que te has fijado en mente a vender.

Una gran estrategia a largo plazo durante varios años, pero una terrible estrategia a corto plazo.

El rendimiento pasado no es indicativo de resultados futuros.

Esto es algo que todo novato envía spam.

Sí, el rendimiento pasado no siempre es correcto, pero es correcto nueve de cada diez veces.

Muéstrame un indicador más preciso para el rendimiento futuro que el rendimiento anterior…

Nunca use stop loss

Nunca use stop loss, porque entonces las grandes ballenas manipulan los precios activando sus stop loss.

Sí, si bien esto puede suceder de vez en cuando, no ocurre con más de una de cada veinte topes de pérdidas e incluso entonces sus pérdidas están en el 2–3%.

Si no usó el método de pérdida en el último mes y tuvo altcoins, perdió el 60% de sus tenencias.

Elegiría ser "manipulado" una vez por cada veinte topes de pérdidas que hago y perder un 2% por perder el 60% de mis tenencias por 1,000 veces.

¿El análisis técnico funciona muy bien en el comercio de cifrado o no?

El análisis técnico se debe utilizar para estudiar la estructura del mercado y la dinámica del flujo de pedidos y ayudarlo a comerciar contra la manada.

No encontrar oficios para entrar.

El análisis técnico funcionaría perfectamente en un mercado que no fue manipulado, fue justo y ordenado.

Pero los grandes jugadores no tendrían su árbol del dinero.

Estarían en igualdad de condiciones con todos los demás participantes.

¿Es realmente útil el rebalanceo en una corrida lenta?

Sí, el rebalanceo requiere tener en cuenta las perspectivas de ganancias futuras de varias compañías y, por lo tanto, existen valoraciones comparativas en términos de p / E, P / BV y flujo de caja libre (FCF).

Si es probable que la compañía publique un crecimiento de ganancias extraordinario, entonces tales acciones pueden ser retenidas / compradas ignorando las comparaciones altas comparativas.

De lo contrario, deberían evitarse las acciones altamente valoradas y la selección de valores basada en el valor debería ser la estrategia.

Por lo tanto, se debe incluir una combinación de acciones de valor y de valor en el folio de puertos para que sea un portafolio equilibrado.

¿Cuál es tu definición de una ballena crypto?

Una ballena de Bitcoin para mí es alguien con 100 millones de dólares en Bitcoin, porque pueden mover el precio en un 10% solo.

Con 10 millones en Bitcoin, los considero un delfín, por lo que realmente no pueden mover el precio por sí mismos, pero con una manada de delfines, sí pueden.

Sin embargo, para más de la mitad de las 100 monedas principales, ya pueden bombear el precio de una moneda en un 20% con solo 100,000, por lo que para muchas monedas 100,000 ya es una ballena y 10,000 ya es un Delfín.

Para todas las demás monedas, somos sólo pequeños peces.

¿Qué le impide a una ballena tomar una moneda alternativa de baja liquidez, aumentarla a 20x y luego colocar un muro de pago para mantenerla allí?

Nada, pero él no obtiene ningún beneficio con eso.

De hecho, ya no podrá salir de su posición.

Digamos, una ballena toma 1,000,000 de dólares y bombea DENT de 27 Satoshi a 270 Satoshi y gasta 500,000 dólares en ella y coloca un muro de compra en 270 por 500,000.

La mayoría de los poseedores de criptografía querrán salir de su moneda y reservar ganancias 10x, especialmente comerciantes de día y ballenas.

Luego, después de algunas horas, el muro de compra desaparece y la moneda comienza a caer a 100, y después de varias horas a 50.

Ahora, la ballena ha comprado DENT a un precio promedio de alrededor de 100, por lo que actualmente está en pérdida.

Por supuesto, él podría comenzar a vender su DENT una vez que el muro de compra se vuelva más delgado, pero solo habrá algunas personas que pongan órdenes de compra a precios astronómicos y solo podrá venderlas a esas órdenes de compra.

Si tiene suerte, puede vender 100,000 dólares en DENT de 270 a 100 y otros 50,000 a 50.

Entonces, todavía tiene 1millón-150,000= 850,000 dólares/3 (porque el valor ha bajado de 270 a 100)=280,000 dólares de valor de DENT, en los que se gastó 1 millón.

Entonces, le quedan 280,000 y 150,000 vendidos a Bitcoin=430,000, que es una pérdida de 570,000.

No es rentable.

Cómo funciona es que una ballena bombea la moneda a lo largo de una semana y la vende gradualmente a las órdenes de compra.

Sin embargo, el máximo para eso es alrededor de 4x

A veces, tienen suficientes órdenes de compra para vender, otras no, por lo que realmente necesitas saber qué estás haciendo.

¿Es prudente calcular el costo promedio en dólares en criptomonedas?

En realidad es la única manera.

Sólo los inversores principiantes compran o venden todo a la vez.

Si usted es un inversionista experimentado, siempre vende en partes y compra en partes, pero no compra todas al mismo tiempo.

Entonces, si usted es nuevo en criptografía y desea comprar Bitcoin por un valor de 10,000 dólares, no compre todo a la vez.

Compre 2,000 hoy, 2,000 mañana, cuando baje a 6,000 compre 2,500 dólares, cuando comience a vender 1,000 dólares.

Así es como opera un inversor experimentado.

¿Cuál es su mejor consejo de inversión contraintuitivo?

Todos los consejos comerciales más importantes son contraintuitivos.

Aquí están los errores principales que he visto cometer en los últimos años.

Si no comete estos errores, ya es mejor que el 99% de todos los comerciantes de cifrado.

Sin embargo, incluso si las personas conocen todos estos errores que no deberían cometer, todos cometen estos errores al menos cinco veces antes de que realmente los hayan internalizado, probablemente incluso diez veces.

Ser emocional.

El mejor comerciante es el comerciante sin emociones, que no se elimina por un aumento del 200% o una caída del 70% y solo obtiene beneficios o recompra más.

Ser emocional es la definición de ser intuitivo, no hagas eso.

No comprar bajo y vender alto.

Esto puede parecer obvio, pero la mayoría de los comerciantes de criptografía simplemente hacen lo contrario.

¿Cómo puedo saber?

Porque la gente compró lotes de Bitcoin cuando ya estaba en 15,000 y vendió lotes cuando bajó a 10,000 y algunos incluso se vendieron cuando bajó a 7,000, por lo que se estrelló a 5,800.

Haciendo todo o nada compra.

O bien venden todos sus Bitcoins o bien compran todos sus Bitcoins.

Es algo emocional, porque piensas Ok, ahora tengo que comprometerme con esto, mantengo mi decisión.

Esto es un signo de exceso de confianza, porque si el mercado se mueve de manera diferente a como esperaba, puede decir:

Respeto mi decisión.

Estás compensando tu falta de conocimiento con esto.

Un operador experimentado solo vende el 10% de sus Bitcoins cuando ha obtenido ganancias del 50%, otro 10%, cuando ha obtenido ganancias del 100% y siempre vende otro 10% de sus Bitcoins mientras más suba.

De esa manera, siempre obtienen ganancias y también tienen dinero para recomprar las caídas.

Los comerciantes inexpertos nunca venden, porque se vuelven demasiado codiciosos o venden todo demasiado pronto.

Poniendo todos sus huevos en una canasta.

Esto es algo emocional otra vez, porque crees tan fuerte en una moneda, entras todo.

No solo tengas una moneda, guarda las diez mejores monedas que puedas encontrar y una de ellas tendrá un rendimiento del 1.000% y se recuperará.

Por las pérdidas de todas las otras nueve monedas.

Está comprobado que tener más monedas es mucho mejor que solo una moneda.

Simplemente no tiene más de diez monedas, esto es una sobrediversificación y no podrá seguir el progreso de todas las monedas.

Si tienes menos monedas, aún mejor.

El mínimo de 4 monedas, el máximo de 10 monedas y el óptimo de 6 monedas.

Poniendo todas sus monedas en una billetera.

Haga que sus monedas se distribuyan a través de intercambios, billeteras en línea, billeteras frías y billetera de papel, de modo que si una es hackeada o la pierde, no la perderá toda.

Invertir más de lo que pueden permitirse perder.

Si invierte más dinero en el cifrado del que puede permitirse perder, también se vuelve mucho más emocional y hace malos intercambios.

Es un ciclo vicioso.

En su lugar, solo ponga el 10% de su valor neto total máximo en criptografía.

Esto es un exceso de confianza de nuevo, la gente piensa que si se comprometen con una cosa, tienen que comprometerse por completo.

Esta es una falacia lógica.

Todavía eres un hombre, incluso si no te comprometes al 100% con las cosas.

En realidad eres más hombre, porque sabes moderación y pensamiento diferenciado.

Comprar monedas que son promocionadas sin ninguna mejora sustancial en la tecnología.

Sí, es fácil caer en sus trampas.

Es intuitivo.

Requiere escepticismo para detectarla y el escepticismo no es divertido.

Ser exagerado es divertido, pero no busque diversión en las cosas que pueden arruinarlo.

Eso es lo que están apostando.

No inviertas en un 401K tradicional.

La mayoría de las personas que han confiado en este sistema bastante nuevo (de unos 40 años de edad) están descubriendo que no tienen lo suficiente para retirarse.

No se parece en nada a lo que sus proyecciones dijeron que tendrían cuando planearan dejar de trabajar.

Y si no tiene una pensión, esto podría ser una noticia terrible ya que se suponía que su principal fuente de ingresos durante la jubilación sería 401K.

Ahora, puede tener seguridad social para ayudarlo, pero si es una persona de entre 20 y 30 años, no apueste a que estará allí cuando llegue el momento de que usted la cobre.

La seguridad social ya está en problemas y es como *empeorar.*

No le ofrece protección contra colapsos de mercado como el 2008. Incluso si estuvo en inversiones "seguras", todavía perdió mucho.

Y si estaba cerca de la jubilación por esa crisis financiera, tuvo un gran impacto en si se jubilaría cómodamente en todo caso.

Claro, el mercado regresa con el tiempo, pero ese es el tiempo perdido que usted debería estar ganando más, no tratando de volver a donde estaba.

Cuando comienza a trabajar y cuando planea jubilarse, tiene un gran impacto en el crecimiento de sus jubilaciones.

Los booms y los fallos en el mercado ocurrirán y tendrán un gran impacto en sus números.

El porcentaje anual que le muestran en sus ilustraciones solo funciona en papel.

Pero nunca es la realidad.

Y, lamentablemente, la mayoría de las personas están aprendiendo de la manera más difícil ahora que esta estrategia de confiar únicamente no es una opción viable para apostar su jubilación.

Entonces, ¿qué debería hacer?

Puede que no sea la respuesta que está buscando, pero es para aumentar sus ingresos y obtener la mayor cantidad de dinero posible tan pronto como sea posible.

Esto te permitirá hacer dos cosas ...

Disfrute de la vida al poder experimentar más y no tener que lidiar con el estrés financiero que enfrentan muchas personas y familias.

Tiene un ingreso excesivo que puede invertir en otros vehículos además de un 401K.

Ahora, no estoy diciendo que no invierta en un 401K en absoluto.

Simplemente no lo conviertas en tu principal fuente de ingresos de jubilación.

¿Por qué es que cada vez que invierto en criptomonedas bajan?

Todos estamos en el mismo barco.

Las viejas ballenas Bitcoin (las que tienen 50 millones de dólares + en Bitcoin) han regresado de sus vacaciones y han decidido manipular fuertemente el mercado para obtener Bitcoin y altcoin baratos antes del lanzamiento de BAKKT.

Utilizaron el tenedor de BCH como una excusa para descontar el precio para obtener altcoins baratos y ganar mucho dinero nuevamente.

Por lo general, no soy un fanático de HODLing, porque si tiene ganancias del 5,000%, debería venderlo todo.

No tiene sentido pasar de 20,000 a 6,000 dólares.

Sin embargo, ahora es el momento de hodl, el momento de sufrir, el momento de asumir las pérdidas y luego obtener todas esas dulces bombas dulces.

¿Qué hace perder interés en el comercio de criptomonedas?

La mayoría de las personas pierden interés en el comercio de criptomonedas, porque pierden dinero.

Pierden dinero por las tres razones siguientes.

Porque compran cuando todo está en ATH(máximos históricos) y todos estaban vendiendo sus casas y obteniendo préstamos para comprar criptografía.

No compre cuando la gente haga esto, porque es cuando las ballenas se lanzan sobre usted.

Se deshacen de las noticias que no tienen experiencia comercial.

Porque se desaniman cuando se dan cuenta de que el 95% de los criptográficos son estafas.

Sí, el 95% son estafas, pero siempre es así en las nuevas industrias.

El 95% de lo que la gente te dice es una mierda completa en la vida también

¿Te suicidas por eso?

No.

No importa lo que haga el 95%, al menos significa que hay algo allí.

Concéntrese en el 5% que es bueno y en realidad solo hay alrededor de 20 criptomonedas que son buenas.

¿Por qué el mercado de la criptomoneda no se ha recuperado en este tramo de Diciembre de 2018?

Ha sido la mayor caída del mercado bajista en la historia de Bitcoin.

Si algo tan fuera de lo común sucede, tiene un impulso muy fuerte para volver a la media.

Todo es alcista, excepto el precio.

Con una gran discrepancia como esta, puede estar seguro de que las ballenas están manipulando el mercado y que siempre bombean y se vuelcan.

Ahora, se han volcado.

¿Cuál es la Criptomoneda tecnológicamente más avanzada en este momento?

IOTA, Holo, Nexus y Nano son los nuevos conceptos de blockchain más avanzados que existen actualmente.

IOTA tiene un Tangle, una arquitectura futurista de blockchain.

Nano con su celosía de bloques.

Holochain con su arquitectura centrada en el agente en lugar de la cadena de bloques común centrada en los datos, lo que les da todos los beneficios de la cadena de bloques sin que aparentemente haya ninguna desventaja.

Nexus tiene la primera cadena de bloques tridimensional con un consenso tridimensional.

Además, quieren lanzar satélites en el espacio para una mayor descentralización, bastante emocionante.

Todos estos blockchains prometen descentralización y escalabilidad ilimitadas, lo que lo hace extremadamente emocionante para 2019 ver cuáles de ellos pueden cumplir sus promesas.

¿Cuánto tiempo le toma a una persona promedio aprender y entender cómo funciona Bitcoin?

Para entender Bitcoin, solo tomaría 1 mes con unas pocas horas por día o 150 horas en total.

Para comprender blockchain, descentralización, seguridad, tokens de utilidad y todo tipo de arquitecturas de blockchain diferentes, illevaría seis meses a tiempo completo, o 1,000 horas!

¿Cómo ver una buena moneda de utilidad criptográfica?

Los cinco factores que desea buscar en un buen token de utilidad son

Que tienen años o incluso mejores décadas de experiencia en la industria respectiva.

El fundador de Brave (el navegador de BAT) fue el inventor del navegador Firefox.

El equipo de DENT tiene décadas de experiencia en telecomunicaciones.

Un caso de negocios razonable y novedoso que es útil, da valor a los usuarios y, sobre todo, resuelve un problema.

BAT se puede utilizar en el navegador Brave, donde puede ganar dinero con anuncios y dar valor a los anunciantes, ya que no tienen que pasar por un intermediario que recibe dinero en el proceso como Facebook o Google, sino en una De manera descentralizada.

DENT le permite comprar datos en su país de manera descentralizada que son restos de las empresas de telecomunicaciones de sus clientes que no usaron todos sus datos ese mes.Freaking inteligente.

Un producto terminado.

Tanto BAT como DENT tienen productos en vivo que ya puede usar.

Esto valida el negocio un caso y su producto.

La tracción en el mundo real BAT tiene 4 millones de usuarios activos mensuales y DENT tiene 4 millones de usuarios totales y tiene asociaciones con alrededor de 3 operadores de telecomunicaciones en 27 países.

Dado que la mayoría de los países solo tienen tres operadores de telecomunicaciones importantes, esto significa que su equipo puede cerrar acuerdos muy rápidamente en cualquier país.

Las compañías de telecomunicaciones también están entusiasmadas con el uso de DENT porque les permite vender datos no utilizados.

Una gran visión.

BAT está buscando reemplazar TODOS los anuncios.

Si observa la hoja de ruta de DENT, planean convertirse en el próximo Whatsapp y convertirse en la primera empresa de telecomunicaciones del mundo que hace que todas las otras empresas de telecomunicaciones se vuelvan obsoletas de manera descentralizada.

Estas son ambas compañías potenciales de billones de dólares.

Por el contrario, **¿Qué hace una mala moneda criptográfica?**

Muy baja escalabilidad.

Eso significa que no pueden procesar al menos millones de transacciones por segundo y posiblemente también miles de millones, pero solo pueden procesar 20 TPS o solo varios miles de TPS.

Todas las monedas de PoW sufren esto.

Intentan resolver esto con la red Lightning, que, sin embargo, también aumenta la centralización.

La escalabilidad a costa de la descentralización es inútil y perjudicial.

Muy poca descentralización.

Esto significa que su votación no se distribuye entre al menos 10,000 a 100,000 votantes diferentes, sino que está muy concentrada.

Eso significa que NO PUEDEN ser PoW, porque PoW sufre de una fuerte centralización de la agrupación minera, por lo que la votación está prácticamente distribuida entre solo tres votantes.

No pueden ser puntos de venta, ya que PoS sufre de una fuerte centralización del poder de voto entre los ricos, las grandes empresas, las instituciones y los gobiernos, derrotando así todo el punto de la cadena de bloques.

Tampoco pueden ser dPoS, porque dPoS solo se distribuye en unas pocas docenas de nodos.

Ser centralizado y no desconfiar.

Sin permiso significa que no hay un tercero que haga reglas sobre cómo votar, y por lo tanto otorgar permiso.

La falta de confianza significa que los nodos no necesitan confiar entre sí para participar en la votación.

Todos están autorizados y no son confiados, lo que siempre lleva a la formación de carteles, al lobbyismo e introduce una gran variedad de vectores de ataque de ingeniería social, como el chantaje, la coerción, las amenazas, etc.

Un alto consumo de energía.

Todos los bancos juntos utilizan alrededor de 100 TWh por año. Con 5B usuarios, Bitcoin usaría 3,000 TWh por año, 300 veces más que todos los bancos combinados, lo que lo hace completamente inutilizable como moneda global.

Los largos tiempos de transacción.

Eso significa que las transacciones deben ser confirmadas dentro de un máximo de tres segundos.

Diez segundos ya es demasiado.

Imagínese, cada persona debe esperar diez segundos en el registro para confirmar el pago.

Esto agregaría muchos gastos generales y muchos ingresos perdidos a cualquier minorista o supermercado.

Esto también descalifica todas las monedas de PoW.

Tener tarifas.

Tener tarifas es subóptimo, pero no es un punto tan importante en comparación con las anteriores.

¿Cómo se verá el paisaje criptográfico en 2019 y 2020?

La mayoría de los altcoins morirán con la próxima corrida de toros de todos modos, probablemente alrededor del 80% como en la última corrida de toros, donde murió el 80% de los 100 mejores.

En este momento, hay alrededor de 2,600 criptomonedas que han logrado enumerar en los intercambios y obtener algún tipo de tracción.

De esos 2,600, hay 1,000 que son verdaderos shitcoins, 1,000 monedas promedio, 570 monedas buenas, 20 monedas muy buenas y 10 monedas de clase mundial.

1.000 verdaderos shitcoins.

Estos no tienen ningún propósito real, el desarrollo se ha detenido, ni las asociaciones o son una estafa absoluta.

1,000 monedas defectuosas.

Tienen un propósito, pero no hay un equipo fuerte detrás y no tienen una buena estrategia de salida al mercado, tal vez una o dos asociaciones y/o son algo incompletos en varios aspectos.

570 monedas correctas

Tienen un buen propósito, un buen equipo y una buena estrategia de comercialización, y algunas asociaciones, pero no tienen una singularidad especial o ninguna tecnología sobresaliente que las diferencie de la competencia, por ejemplo, o sufran fallas de descentralización significativas.

20 monedas muy buenas.

Estas tienen un muy buen propósito, un equipo realmente bueno y una muy buena estrategia de salida al mercado, son únicas en lo que hacen y asociaciones sólidas.

10 monedas de clase mundial.

Tienen un propósito en el mundo real y ya un uso e ingresos reales, un equipo de clase mundial y ya tienen asociaciones sólidas con compañías Fortune 50.

El 95% de las monedas dentro de los primeros tres puntos probablemente desaparecerán el año próximo y la mayoría de las monedas dentro de los últimos 2 puntos también desaparecerán, lo que nos deja con probablemente dos o tresmonedas grandes y de veinte a treinta especializadas.

Por lo tanto, la inversión criptográfica no es tan difícil.

Solo hay alrededor de treinta monedas buenas entre las que debes decidir.

¿En qué se equivoca la gente sobre Bitcoin?

Estos son conceptos erróneos muy comunes que veo que mis amigos y la gente en general tienen más.

Blockchain es igual a Bitcoin.

Dado que Bitcoin es mucho más popular que su tecnología raíz, blockchain, las personas se mezclan entre las dos.

Blockchain permite que las transacciones de igual a igual se registren en un libro mayor distribuido en toda la red.

Bitcoin es una criptomoneda que se puede intercambiar directamente entre dos personas sin pasar por un tercero como un banco.

La información sobre la actividad de blockchain no está disponible públicamente.

Uno de los conceptos erróneos comunes en la tecnología de blockchain es la falacia de que no es pública.

La mayoría de la actividad de blockchain es bastante rastreable, contrariamente a la creencia popular.

Además, no hay secretos ocultos para blockchain ni criminología oscura asociada con sus actividades.

Las transacciones criptográficas son anónimas.

Muchas personas tienen la falsa suposición de que todas las transacciones de Bitcoin y criptografía son anónimas.

Bitcoin es un libro de contabilidad pública que rastrea cuánto se envió de una dirección a la siguiente.

Muchas organizaciones gubernamentales han establecido relaciones con intercambios importantes para completar el mapeo de la dirección con el propietario.

Blockchain cambiará todo acerca de las transacciones comerciales.

Con frecuencia, Blockchain se posiciona como una tecnología que cambiará la forma en que las empresas registran y administran las transacciones.

En comparación con los métodos actuales, en realidad es más intensivo en el proceso, difícil de escalar y toma más tiempo para confirmar las transacciones.

En cuanto a la seguridad, es útil sobre todo si existe la necesidad de una verificación segura e inmutabilidad de los registros de transacciones.

De lo contrario, los casos de uso son limitados.

Las criptomonedas son volátiles, por lo que la cadena de bloques no debe ser confiable.

Un error común parece provenir de aquellos que asocian la volatilidad de las criptomonedas con la credibilidad de la tecnología blockchain.

Blockchain tiene muchas aplicaciones más allá de las criptomonedas y probablemente será un cambio de juego a largo plazo.

Al igual que con la mayoría de las tecnologías anteriores, los casos de uso iniciales, las interfaces y el contenido están sobrevalorados, pero las tecnologías subyacentes están subestimadas.

Las criptomonedas son mejores para los criminales.

Es cierto que la descentralización y el anonimato son características particularmente agradables para los delincuentes, pero también son características excelentes para los ciudadanos respetuosos de la ley que se encuentran en un entorno económica o políticamente inestable.

Si no puede confiar su dinero a los bancos locales debido a la corrupción, o si su país tiene la posibilidad de desestabilizarse, podría decirse que es el mejor lugar para guardar su dinero.

Blockchain es solo un mecanismo de almacenamiento.

El concepto erróneo que más veo sobre blockchain es que la gente piensa que es un mecanismo de almacenamiento.

Creo que su ventaja viene cuando se usa como un intercambio, con cada transacción que involucra al menos dos partes, una para dar y otra para tomar.

La criptomoneda y la cadena de bloques son solo para gente de tecnología y finanzas.

Ahora que empresas más extendidas como Square están utilizando estas tecnologías, creo que el temor a lo desconocido para el consumidor promedio fomentará la utilización.

El consumidor promedio tiene poca comprensión de la cadena de bloques o incluso de la criptomoneda, por lo tanto, se aleja de ella.

La gente confía en Square, por lo que creo que el público en general también comenzará a confiar en estas tecnologías.

Las fichas y las monedas son lo mismo.

Blockchain tiene tokens y ofertas iniciales de monedas (ICO).

Las monedas solo tienen una utilidad: actuar como un simple depósito de valor.

Los tokens pueden almacenar niveles complejos de valor como propiedad, utilidad, ingresos y fungibilidad.

La propiedad puede ser transacciones inmobiliarias o propiedad intelectual.

Los tokens pueden capturar productos o puntos de fidelidad.

La criptomoneda es fundamentalmente diferente de otras monedas.

Ha habido demasiada exageración alrededor de la cadena de bloques y los aspectos "criptográficos" de la criptomoneda.

¿Qué es lo fundamental acerca de una moneda?

Es una unidad de medida y una forma de comunicar valor.

¿Qué activo forma la columna vertebral del valor de esta nueva criptomoneda?

¿Los contratos inteligentes están escritos de manera que capten adecuadamente la futura apreciación de este activo?

¿Realmente puedes ganar dinero con criptomonedas?

Sí, por supuesto, y ya hay 1.600 personas que se han vuelto muy, muy ricas con Bitcoin.

Mire las 1.600 direcciones principales, todas tienen más de 1.000 Bitcoin o 7 millones de dólares en Bitcoin y hay 100 personas que tienen más de 10,000 Bitcoin con un valor de 70 millones de dólares.

Entonces, ¿cómo te haces rico?

Es bastante simple...

Espera la próxima corrida de toros.

Curiosamente, el aumento masivo de precios ocurrió exactamente dentro de 42 días 3 veces.

Entonces, la próxima vez que vea un aumento de 7.6x dentro de los 37 días para Bitcoin, puede estar bastante seguro de que esto significa el final de la corrida de toros y que los altcoins comenzarán a dispararse durante aproximadamente 3 semanas.

Esto es como lo fue en diciembre del año pasado.

En resumen, todas las últimas corridas de toros terminaron con un aumento masivo en un promedio de 37 días, haciendo un múltiplo de 7.6x en promedio y comenzaron la temporada alternativa directamente después, que duró tres semanas.

Luego, simplemente espere dos semanas para que sus altcoins aumenten de 10x a 100x y luego comience a vender en los próximos días, ya que las temporadas alternativas generalmente no duran más de tres semanas.

No vendas todo a la vez, pero definitivamente comienza a vender el 20% de todo tu cripto a las 2 semanas de la temporada alta y vende un 20% más a los tres días, porque algunos altcoins pueden hacer un 200x como lo hicieron el año pasado, así que no venda todo a la vez, venda poco a poco.

¿Sobrevivirán varias monedas criptográficas a largo plazo o solo puede haber un ganador real?

Como ya ha notado, nadie quiere usar cien monedas diferentes para realizar transacciones.

Por eso, probablemente solo quedarán unas cuantas criptomonedas de "grandes ganadores" en un año o dos, con 10–20 criptomonedas más pequeñas especializadas.

¿Pero cuáles serán?

Para encontrar a los "grandes ganadores", debe buscar a los que pueden reemplazar a Bitcoin dentro del próximo año y hay exactamente tres candidatos para eso.

Son los únicos que tienen.

Transacciones instantáneas

Honorarios cero

Escalabilidad y descentralización casi infinitas a través de escala lateral / fuera de cadena / horizontal

¿Cuánto dinero debo invertir en Bitcoin en 2019?

el 90% de las personas compran caro y venden bajo.

Cuando Bitcoin es muy barato en $ 6,000, todos están asustados y no quieren comprar Bitcoin, pero cuando Bitcoin es de $ 20,000, todos quieren comprar y obtener préstamos y vender su casa para comprarlos.

Compran caro y venden bajo, pero usted necesita comprar bajo y vender alto.

Tienes que hacerlo como lo dice Warren Buffet:

"Compra con los cañones, vende con las trompetas".

"Sé codicioso cuando otros tienen miedo y temen cuando otros son codiciosos".

¿Cuándo alcanzará Bitcoin una capitalización de mercado de un billón de dólares?

Cosas así son muy difíciles de predecir.

Sin embargo, el 12/17/2017, cuando BTC alcanzó su ATH (cuando Bitcoin alcanzó su precio All Time High de 20,089 dólares, tenía una capitalización de mercado de 326,141,280,256 dólares.

Y así, Bitcoin ya ha demostrado la capacidad de obtener aproximadamente 1/3 del camino hacia una capitalización de mercado de un billón de dólares.

Y son "los primeros días", como dicen, no tardaría mucho, en términos de aumento de precio y aumento de volumen (transacción) para expandirse a un límite de billón de dólares en el mercado.

Lo que significa que el proceso no es lineal: puede acumularse a medida que se invierte más y más dinero institucional en Bitcoin, y que cada vez más consumidores y empresas utilizan Bitcoin para realizar transacciones financieras.

Incluso si los volúmenes de transacciones de Bitcoin permanecen casi iguales, y su precio aumenta a +/- 65,000, Bitcoin tendrá una capitalización de mercado de más de un billón.

Y si nos fijamos en la historia de Bitcoin, un aumento de diez veces en los próximos años ciertamente parece estar dentro del ámbito de lo posible, especialmente teniendo en cuenta que se estaba negociando por aproximadamente 1/10 de su precio actual, hace solo dos años.

¿Cuál es la mejor inversión a largo plazo, oro o criptomoneda?

Con los dos productos básicos ahora en aproximadamente el mismo rango de precios, vale la pena dejar de lado algunos de los problemas de volatilidad y liquidez a corto plazo de Bitcoin para compararlos como almacenes de valor a largo plazo, uno al lado del otro.

Sin embargo, los rasgos de bitcoin han llevado a aquellos que respaldan la criptomoneda a creer que potencialmente podría sacar al oro a largo plazo.

"Si pensamos en las cualidades que hacen del oro un 'dinero' o almacén de valor respetado, Bitcoin es realmente superior en muchos aspectos".

Inflación vs deflación

Otra ventaja clave que tiene bitcoin sobre el oro es que su nivel de suministro es fijo y transparente, eliminando los temores de las presiones inflacionarias típicas asociadas con la sobreproducción que podrían disminuir el valor del activo.

Una característica bien conocida de bitcoin es que está en un programa de suministro desinflacionario.

Si bien muchas personas piensan que el oro es el mismo, el oro es en realidad un activo inflacionario.

La oferta mundial de oro ha aumentado clandestinamente en 1 a 2% anual durante el último siglo.

Si le preguntaras a la gente cómo se ve el programa de suministro de oro con el tiempo, probablemente no te dibujarán algo que parezca una curva exponencial.

Dado que el oro es inflacionario, no está configurado para preservar el valor de la forma en que lo hace Bitcoin.

Tales características, en teoría, sirven para aumentar la utilidad futura de bitcoin como un medio de cuenta, intercambio y valor de almacenamiento.

También sugieren que el valor, la utilidad y la importancia de los bitcoin para la sociedad solo continuarán creciendo a medida que el comercio se digitalice.

A medida que se construye más infraestructura alrededor de bitcoin creemos la demanda aumentará en relación con su suministro medido matemáticamente, lo que aumentará su soporte de precios.

El oro es limitado

La gente ha estado tratando de obtener oro por 600 años.

Es mucho más probable que tengamos computación cuántica que pueda cambiar la criptografía que la extracción de asteroides que traigan oro.

¿Complementario o sustitutivo?

Tal vez preguntar si Bitcoin alguna vez eliminará el oro como el depósito universal de valor no es del todo apropiado, ya que es plausible que ambos puedan coexistir como activos complementarios.

Al igual que la práctica estándar en otros ámbitos de inversión, la respuesta correcta a la pregunta de bitcoin contra oro se determinará en última instancia por el perfil de riesgo de cada inversor en particular.

En términos de la construcción adecuada de la cartera, usted quiere diversificarse.

Desea tener diferentes tipos de activos que no necesariamente se muevan juntos.

Conclusión

Esto no es una pelea.

Ambos activos pueden hacer una buena inversión pero, para ser honesto, los pequeños aumentos de valor que la experiencia del oro puede parecer bastante bajos para alguien que no está preparado para esperar un par de décadas para obtener una ganancia.

El oro podría ser mejor para almacenar dinero en una forma diferente.

Si desea obtener un beneficio, la inversión en criptomoneda puede proporcionar resultados más rápidos y un beneficio total cuando se realiza a largo plazo.

La expansión de la tecnología (blockchain) significa la expansión de Bitcoin.

¿Cree que la adaptación de BTC depende únicamente de la aprobación de la ETF?

La ETF es definitivamente un catalizador pero no.

Bitcoin también puede tener éxito sin ETF, pero ETF hace que la adopción y el aumento de precios sean mucho más rápidos.

Eventualmente, la ETF será inevitable, es solo una cuestión de cuándo.

Un ETF se define como un valor negociable que rastrea un índice, una mercancía, bonos o una cesta de activos como un fondo de índice. A diferencia de los fondos mutuos, un ETF cotiza como una acción ordinaria en una bolsa de valores.

Los ETF experimentan cambios en los precios a lo largo del día a medida que se compran y venden.

Los ETF suelen tener una mayor liquidez diaria y tarifas más bajas que las acciones de fondos mutuos, lo que las convierte en una alternativa atractiva para los inversores individuales.

En este caso, el ETF de Bitcoin rastrearía un precio de índice de referencia para Bitcoin y permitiría a los inversores con cuentas de corretaje que no están familiarizadas o desconfían de los intercambios de criptografía para comprar fácilmente sin riesgo de los riesgos típicos asociados con la participación en el espacio de criptografía más allá de la volatilidad .

Los ETF de Bitcoin harán que sea mucho más fácil comprar Bitcoin en un espacio que actualmente está bastante complicado.

Muchos inversores están interesados en las criptomonedas, pero nunca registrarían una cuenta con Coinbase ni intentarían controlar las billeteras digitales con claves cifradas, etc.

Sin embargo, los inversionistas del mercado público están familiarizados con los ETF y, si tienen éxito, la presentación lo hará tan fácil para ellos como iniciar sesión en su cuenta de fidelidad y presionar el botón de comprar sin necesidad de confiar en familiarizarse con las interfaces específicas de intercambio como Binance y Coinbase.

Dada la gran cantidad de transacciones de intercambio y estafas de salida que han afectado al mercado a lo largo de los años, muchos inversores simplemente nunca considerarán confiar en sus fondos, pero ahora no tendrán que hacerlo.

El documento oficial presentado por el CBOE a la SEC indicaba que el

CBOE solo invertirá en bitcoin en nombre de los inversores.

Esto se reduce a la Cboe que facilita las operaciones de venta libre (OTC) a través de inversores acreditados en el mercado financiero tradicional, mientras que asegura los fondos en bitcoin adquiridos por los inversores.

¿Qué es BAKKT y por qué es tan importante para el futuro de Bitcoin?

Bakkt es un mercado que permitirá a las personas comprar, vender, intercambiar y usar criptomoneda.

En un principio, ofrecerá vehículos de inversión tradicionales y servicios de inversión.

Esto permitirá a las instituciones e inversores un lugar para realizar transacciones de manera "segura" con reglas, regulaciones y expectativas claras.

Por ejemplo, si desea especular sobre el precio de bitcoin, Bakkt ofrecerá contratos de futuros con liquidación de bitcoin y probablemente otros productos como ETFs o fondos mutuos con la certeza de que no será estafado o el intercambio saldrá con su dinero.

Eventualmente, planea ofrecer soluciones comerciales como aplicaciones de pago, tarjetas de crédito y servicios de punto de venta que utilizan la criptomoneda para liquidar las transacciones.

También conectará a los comerciantes con las personas que desean utilizar la criptomoneda para realizar transacciones.

Starbucks se asoció con ellos para ver si la gente gastará dinero criptográfico en café y si cryptocurrency puede liquidar transacciones por menos costo que las redes de pago tradicionales como PayPal o Visa.

Bakkt no ha publicado muchos detalles sobre cómo funcionaría esto y cuál es el plan exacto.

Bakkt se basa en la plataforma Microsoft Azure y es administrado por Intercontinental Exchange (ICE), la misma entidad que administra la Bolsa de Valores de Nueva York.

Como tal, cualquier persona que use Bakkt tendrá un conjunto completo de productos y servicios de inversión tradicionales de nivel empresarial, así como las herramientas que los grandes inversores necesitan para administrar los fondos de manera adecuada.

Lo más importante es que Bakkt asume todos los riesgos regulatorios y operativos, incluida la custodia, la seguridad, los seguros, las responsabilidades, etc.

Algunos dicen que Bakkt traerá una enorme ola de inversores institucionales.

Los "inversionistas institucionales" son un punto de referencia para muchos tipos diferentes de fondos de capital: donaciones, bancos comerciales, fondos mutuos, fondos de cobertura, pensiones, fideicomisos, oficinas familiares ... entidades por valor de billones de dólares (22 billones en entidades registradas en los EE. UU., Más en el extranjero y no registrado).

No creo que la mayoría de estas entidades alguna vez usen Bakkt, pero las que sí lo hagan traerán mucho dinero a la criptomoneda.

No mucho para ellos, pero mucho para el pequeño mercado de criptomonedas.

Algunos de estos inversores simplemente jugarán en el mercado, otros mantendrán la criptomoneda como una inversión y otros harán ambas cosas.

Estos inversionistas hablarán sobre la criptomoneda y aprenderán sobre proyectos de criptomoneda, y casi seguramente compartirán lo que han aprendido y las ganancias que han obtenido.

Esto traerá a más personas con la máscara del juego e incentivo para que la criptomoneda tenga éxito.

Todas estas cosas mejorarán la conciencia y el sentimiento del mercado.

Creo que el valor real de Bakkt es su ecosistema, que será regulado por el gobierno de los EE. UU.

Y ofrecerá la simplicidad y familiaridad de la inversión convencional.

Podría fallar miserablemente o podría ser por criptomoneda lo que AOL era para Internet.

Algunos cuestionan si se abrirá, mientras que otros dudan que tenga aprobación regulatoria.

Ya veremos...

¿Cuál es una buena analogía entre Bitcoin y Ethereum?
BITCOIN

Después del colapso económico de 2008 y un medio de intercambio universal viable, envíe y reciba dinero sin intermediarios como los bancos.

Bitcoin fue introducido para resolver el problema.

Bitcoin es la primera moneda digital basada en el libro mayor descentralizado y se lanzó en 2009.

Esta es la capitalización de mercado más famosa y notable, altamente aceptada y más alta, de más de 150 mil millones.

Fue fundada por un desconocido Satoshi Nakamoto, cuya identidad fue encontrada más tarde por especulación.

La moneda se denota como BTC, XBT.

Bitcoin utiliza el algoritmo hash SHA-256d.

Y, por último, la cadena de bloques utilizada por Bitcoin es PoW: sistema de prueba de trabajo.

Quizás, una de las razones de BCH y Bitcoin Classic es la insuficiencia de escalabilidad de Bitcoin.

Sin embargo, la buena noticia ahora es que se está lanzando una iniciativa Optech de Bitcoin recién lanzada para abordar los problemas de escalabilidad del proyecto BTC.

¿POR QUÉ BITCOIN?

Las razones por las que debería comprar por lo menos 300-3,000 dólares en Bitcoin

Bitcoin puede hacerte rico por medio de apreciación: lo que vimos en el año 2017.

Es la moneda más aceptada universalmente.

Es una solución a la caída de la economía.

Puede cambiarlo fácilmente por facturas en cualquier país en el que se encuentre.

Su valor no depende de ningún individuo o gobierno de naciones.

Función del proyecto.

El proyecto BTC es a la vez un proyecto importante a corto plazo. (también a largo plazo si va a ser paciente), lo que significa que puede obtener un resultado de back-end en un corto espacio de tiempo, como se muestra en los resultados más recientes. .

VS

Ethereum

Lanzado oficialmente en 2015 después de la venta anticipada de 2014 como éter, Ethereum es considerada como la segunda moneda más valiosa después de Bitcoin.

El proyecto es una plataforma de software descentralizada que permite que los contratos inteligentes y los paquetes desembolsados ÐApps se construyan y ejecuten sin tiempo de inactividad, sin fraude de un tercero.

¿POR QUÉ ETHEREUM?

Las razones por las que debería comprar por lo menos 750 dólares en Ethereum.

El proyecto Ethereum funciona de manera verificable sin tiempo de inactividad.

Otras fichas conocidas como ERC20 se basan en su diseño.

Los paquetes en Ethereum se ejecutan en su sistema criptográfico único de plataforma.

Se ejecuta sin censura.

Se ejecuta sin interferencia.

•Todos estos conceptos básicos muestran las métricas por las que Ethereum seguirá siendo viable.

Punteros de decisión

Los CEOs de Coinbase, Circle y las principales firmas son Bullish más en Ethereum que cualquier otro proyecto Blockchain.

Según lo informado por CCN, los miles de millones de CEOS son optimistas respecto a Ethereum que a Bitcoin.

Esports Project gods Unchained se lanza a Ethereum con el respaldo del intercambio de criptografías más grande del mundo: Coinbase.

¿Por qué hay tantas noticias falsas positivas y negativas en la criptomoneda?

Porque necesita el conocimiento combinado de informática, negocios y psicología para comprender el mundo de las blockchains y hay muy pocas personas que tengan ese conocimiento combinado.

Si no tiene los conocimientos de informática, no tiene forma de saber si un algoritmo de consenso es realmente bueno.

Si no tiene conocimientos de negocios, casi no tiene forma de juzgar si una tecnología de blockchain tiene una buena forma de obtener una adopción.

Si no tiene comprensión psicológica, es muy difícil para usted entender por qué ciertos blockchains que son mala tecnología son muy populares y por qué los blockchains con tecnología sobresaliente no lo son (todavía).

Se estima que hay 18,5 millones de ingenieros de software en el mundo.

Optimistamente, tal vez 3 millones tengan una buena comprensión de los negocios y de los que tal vez 1 millón también tengan una buena comprensión de la psicología humana y quizás 300,000 hayan hecho un esfuerzo de varios meses para entender realmente la tecnología blockchain.

Entonces, ahí lo tienen, probablemente solo el 0.01% de la población mundial tiene un buen conocimiento de blockchain y sus mercados.

Hay grupos de interés que se beneficiarían de la falla de criptografía y están amenazados por ella, la mayoría de los bancos, personas muy ricas y personas con poder.

Intentan todo para difundir noticias negativas sobre las criptomonedas, porque si Bitcoin & Co. tiene éxito, su riqueza e inversiones disminuirán mucho.

Harán esto hasta que vean que usted no puede aguantar criptografía y luego comprarán también.

Hay grupos de interés que se beneficiarían de crypto tener éxito.

Esas son todas las personas que poseen criptos, que son alrededor de 50 millones de personas en este momento.

Intentan difundir noticias positivas sobre criptografía en todos los lugares que puedan.

Hay compañías que se beneficiarían de que su propio cripto tenga éxito y difunden noticias positivas sobre su criptografía en cualquier lugar que puedan, a pesar de su criptografía.

Todos estos son blockchains autorizados y no confiados, aunque hay cientos de miles de personas que piensan que estos blockchains son geniales, porque han sido seducidos por su marketing, sin hacer una investigación sobre la tecnología.

Entonces, ahí lo tienen, solo el 0.01% de la población tiene un buen conocimiento de la tecnología blockchain, las noticias negativas son difundidas por personas que no tienen cripto, las noticias positivas son propagadas por personas que tienen crypto y que han construido su propio crypto.

Sin mencionar que su tecnología es mala.

¿IOTA superará a Bitcoin?

Es una de las monedas de todas las miles de monedas que pueden cumplir:

Escalabilidad casi infinita

Casi infinita descentralización

Bajo consumo de energia

Transacciones casi instantáneas

La falta de permiso y la falta de confianza

Cuotas Cero

Muchos toman el rendimiento de nivel de VISA como punto de referencia.

VISA generalmente procesa alrededor de 3,000 TPS, hasta 25,000 TPS durante las horas pico y un máximo de 64,000 TPS.

Eso significa que esta criptomoneda debería poder realizar al menos varios miles de TPS.

Sin embargo, esto es muy ingenuo.

No puede mirar la tecnología actual para establecer un objetivo para su uso.

Por ejemplo, solo porque se enviaron un millón de facsímiles por día en el año 1990, recibir un millón de correos electrónicos por día es un buen punto de referencia para una nueva tecnología.

¿Por qué?

¡Porque hoy, tres cientos mil correos electrónicos son enviados por día! Eso es 300,000 veces más correos electrónicos enviados hoy que cuando el correo electrónico reemplazó a los faxes.

Entonces, ¿cuánto TPS debería poder manejar una buena criptomoneda?

¿Debería apuntarse a un nivel de VISA de 3,000 TPS?

No, debería apuntar a 3,000 * 300,000 = 900 millones de TPS.

Con su red Lightning recientemente lanzada, Bitcoin está mirando de manera realista a 50,000 posibles pronto.

Por lo tanto, toda la criptomoneda que presume de ser capaz de procesar 2,000 TPS es absolutamente pálida en comparación y no tienen derecho a convertirse en una tecnología revolucionaria en la actualidad.

Incluso los que se jactan de poder procesar un millón de TPS, no están programados para el futuro.

Su escalabilidad es 1.000x demasiado pequeña si quieren ser líderes en la nueva era de la tecnología blockchain.

Esto nos lleva a IOTA, que apunta a conectar todos los 80 mil millones de dispositivos IoT que se espera que existan para 2025, que se comunican constantemente entre sí, creando 80 mil millones o más transacciones por segundo.

Actualmente, 8 mil millones de dispositivos están conectados a internet.

Además, probablemente tendremos alrededor de un millón de dapps en nuestras plataformas de blockchain con aproximadamente 5,000 usuarios por día, 50,000 millones de usuarios por día, creando varios miles de millones de transacciones por segundo.

IOTA tiene la tecnología para procesar 80 u 800 mil millones de transacciones por segundo.

¡Todos los demás están solo al 0.0001% -0.00001% de esa capacidad!

Conclusión

¿Queda claro por qué soy optimista sobre IOTA y por qué IOTA es simplemente 1,000 veces mejor que todas las otras criptomonedas?

Dicho todo esto, todavía hay varios contratiempos con IOTA.

IOTA no ha demostrado que pueda escalar realmente a miles de millones de TPS, pero hasta ahora nadie ha podido demostrar lo contrario.

La red de IOTA sigue siendo lenta, porque es pequeña.

Sin embargo, eso no importa, lo que importa es cómo se comporta a escala.

IOTA todavía tiene el coordinador, pero el coordinador simplemente no es necesario a escala.

Los fundadores de IOTA parecen ser todavía un poco jóvenes y emocionales, lo que puede crear problemas, pero creo que también lo lograrán.

Aparte de IOTA, el único que puedo ver es un emparejamiento es Elastos con su arquitectura de cadena lateral, que básicamente puede crear una nueva cadena con varios miles de TPS por cada dapp, cada empresa, cada hogar.

¿Cuáles son algunas de sus resoluciones de año nuevo para 2019 y 2020?

Nunca vender en la parte inferior

Tener un estándar extremadamente alto para que una moneda sea recogida en mi cartera.

¡Cualquier moneda que no sea extraordinaria y tenga más de un defecto menor se tira!

Persigue velas verdes a veces.

Por lo general, una de las reglas principales en criptografía es no perseguir velas verdes, pero en este momento parece ser mejor perseguir velas verdes.

Necesita un límite de pérdida en lugar, por supuesto, porque las velas verdes pueden caer pesadas en cualquier momento, por supuesto.

Y por último, la pregunta del millón....

¿Bitcoin subirá o bajará en 2019?

Subirá de 70,000 a 100,000 dólares dentro del próximo año.

Luego, la caída del 70% se producirá antes de finalizar 2019, al igual que con todas las corridas de toros de 21,000 a 30,000 dólares.

Entonces, podría recuperarse un poco de nuevo a 40,000, pero luego volver a perder lentamente la cuota de mercado, y si Bitcoin no se vuelve 1,000x más escalable, más amigable con la energía, más descentralizado, más rápido, desaparecerá.

Tengo la sospecha de que Bitcoin se está moviendo demasiado lento para implementar una nueva funcionalidad, porque tiene cientos de desarrolladores y una gran comunidad de millones de personas, la mayoría ni siquiera saben qué es una cadena de bloques, que necesitan firmar.

Para concluir, Bitcoin probablemente subirá a 100,000 dólares en la próxima carrera alcista, se estrellará a 30,000, irá a 40,000 posiblemente hacia final de 2019, pero luego bajará constantemente a 30,000, 20,000, 10,000 y será superado por blockchains que son 1000x más Escalable, amigable con la energía, descentralizado, más rápido para finales del año 2020.

Bitcoin todavía tiene un gran reconocimiento de marca y es comprado por la mayoría de las personas, porque solo conocen Bitcoin.

Al comprador promedio le llevará algún tiempo comprender que en realidad ya hay mejores criptomonedas.

Esto probablemente tomará un año más, hasta que tomen el control y Bitcoin disminuya.

www.ingramcontent.com/pod-product-compliance
Lightning Source LLC
Chambersburg PA
CBHW020552220526
45463CB00006B/2276